親職教育

翁桓盛　著

作者簡介

翁桓盛

- **學歷：** 國立彰化師範大學特殊教育研究所結業
  國立彰化師範大學教育學研究所碩士
- **甄試：** 高雄縣國民中學教師
  台灣省國民中學主任班第三期
  台灣省國民中學校長班第十八期
  台灣省高級中學校長甄試合格（2005 年）
- **經歷：** 彰化縣彰德國民中學導師、組長
  彰化縣芬園國民中學教務主任
  彰化縣和美國民中學教務主任
  南投縣民和國民中學校長
  彰化縣明倫國民中學校長
  彰化縣彰泰國民中學創校校長
  台灣省政府中小學校長、主任甄試口試委員
  台灣省政府國民中學主任儲訓班第十一期輔導校長
- **兼任職務**（教育部講師證：講字第 075393 號）：
  國立中興大學教育學程中心兼任講師
  中州科技大學、中臺科技大學、中山醫學大學兼任講師
  新生醫專、仁德護專兼任講師
- **著作：**《婚姻與親職教育》（心理出版社，2006 年）
  《親職教育》（心理出版社，2012 年）
  《婚姻與家庭》（心理出版社，2012 年，與許孟勤合著）
- **榮譽：** 台中市最年輕模範父親（2013 年）

前國立彰化師範大學王副校長

序

　　發展心理學家 R. J. Havighurst 曾根據個體生理的成熟、社會文化的壓力、個人的價值，以及個別的抱負，提出個體為了獲得健康和令人滿意的成長，所需學習的一系列發展任務（developmental tasks）。其中，青少年期的發展任務之一為準備結婚與過家庭生活；成年期的發展任務之一為養育子女。前者，可視為親職教育的準備工作；後者，則為親職教育付諸實施的部分。如是觀之，為接受高等教育者，實施親職教育課程，似有其必要性和重要性。

　　雖然古人曾言：女子未有先學養子，然後嫁人者。但是，處於社會變遷急遽的今日，小家庭多取代傳統大家庭的狀態之下，這種原有傳統的思維，必須賦予新的意義，才能歷久而彌新。親職教育即是在這方面呈現的積極作為，它不但適用於將來為人父母者的必修課程，亦可作為已為人父母卻面臨養育子女困境者的補修課程。我國已公布實施的《家庭教育法》，即是反映親職教育的重點之所在。

　　本書共分十章，首從親職教育的概念和發展切入，繼則分析成功有效能的父母、親職教育的理論基礎、兒女的發展與潛能開發和輔導，凡此等部分多以理論的闡釋為主；自第七章以後，述及兒女教養方式與情緒管理、多元家庭類型的親職教育、親職教育的實施策略、困境和展望，則以涉及實務層面為主軸。由此觀之，本書是理論與實務兼顧的創作，深具參考之價值。

　　本人與作者翁桓盛校長認識有年，深知翁校長家庭生活美滿，賢伉儷教養子女有方，個個卓然有成，成就斐然。相信翁校長一定會把其中的奧妙和精髓，融入本書之中，嘉惠閱讀本書的學子和家長。本書完稿之時，本人幸有機緣，先睹為快，對於翁校長的用心態度與認真精神，

深感敬佩。尤其在校長職位上退休之後，仍孜孜不倦於寫作，誠至不容易，值得學習，故樂於作序。

王文科

謹誌於台中 Wang's Lodge

2012 年 1 月 31 日

自序

　　隨著社會的變遷，台灣的家庭類型趨向多元而複雜，但家庭的功能卻日漸式微，國人的生活方式緊張而忙碌，各級政府機關對親職教育不夠重視，為人父母者絕大部分無心也無力，來認真執行親職教育的天職，因而目前的社會亂源叢生、亂象齊放，減弱了國家的競爭力；綜觀所有亂象的根源，均在於親職教育未受重視與落實有關。

　　個人從事基層教育工作近三十年，並擔任校務行政、領導校務二十年，曾在六所大專校院教授親職教育的相關課程，接觸過無數的學生、家長與仕紳，解決過許多的家庭、親子、教育等相關問題，深感親職教育的教育工作者，責任非常重大，然國內親職的積極功能卻沒有完全發揮。因此筆者將內心數度的激動化為實際的行動，希望完成一本符合台灣社會文化、不同家庭類型、理論與實務並重，讓為人父母者能有效落實親職，親職教育的教師能有效教學。期望藉由本書的出版，有助於國內親職教育功能的發揮。

　　本書的內容經與多位前輩一再研討，力求親職教育的架構完備，分為五大部分，共十章：

　　第一部分為親職教育的概念與發展。介紹親職教育的意義、目的、功能與限制，親職教育與社會變遷、家庭教育、幸福家庭的關係，以及國內外親職教育的發展軌跡與方針。

　　第二部分為成功有效能的父母。介紹父母角色的重要性，如何認同、學習與調整自己，成為稱職的父母；分析家庭破碎的原因，將偏差失敗的父母與成功有效能的父母，做客觀、詳盡的評析，如何透過有效能的父母訓練（Parent Effectiveness Training, PET），引導讀者邁向成功、快樂、有效能的父母。

第三部分為親職教育的理論基礎。介紹家庭領導的理論與策略，學習型家庭與幸福美滿家庭的建構，圓融的親子溝通，行為改變技術及兒女良好習慣的養成，詳細介紹兒童教育學與兒童發展學的理論，有效的開發兒女潛能，避免揠苗助長。

第四部分為兒女的發展、教養、挫折容忍力與情緒教育。介紹各種不同階段兒女的發展與輔導、教養子女的方法、情緒管理與教育、挫折容忍力的培養，解析各種不同家庭類型的親職教育要領。

第五部分為親職教育的推展策略、資源、方法與展望。介紹各種有效的親職教育實施方法，各級政府推展親職教育的策略與困境，並提出推展親職教育的建議與展望。

本書的完美呈現，首先該感謝新生醫專劉董事長及陳校長的鼓勵、幼保科主任及同仁的支持、內人袁素娟及家人的幫忙、心理出版社編輯團隊的協助出書；本書的出版要特別感念先父、先母的養育之恩。完成身為親職教育的教育工作者願望，期望此書能充分發揮親職教育的功能，盼望全天下的父母，均能建構幸福、美滿、快樂的家庭，成為稱職、成功、有效能的父母。

親職是一生應盡的天職　　追求效能、稱職、成功
家庭是個人活力的泉源　　建構幸福、快樂、希望

翁桓盛
謹誌於澳洲雪梨 Crystal Lodge
2012 年 2 月 7 日

目　次

Chapter *1*

親職教育的概念

　　親職是與生俱來的天職，更是人類的自然本能反應。但為何有的家庭沒有溫暖、妻離子散、分崩離析，家人生活恰似無頭蒼蠅般的沒有生活重心、沒有目標，更沒有希望？卻也有家庭充滿互愛，彼此互相關懷，家人和睦相處、用心生活、滿懷希望。一樣都是為人父母，卻造就出不一樣的家庭，時代快速在改變，因而親職教育的理念、態度，也要配合時空轉變。

一、親職教育的意義

　　親職教育（parents education）是成人教育的一部分，以從事子女教育的工作者，或未來的父母為教育對象，增進其教養兒女的知能，加強親子關係，以開發兒女潛能為目標，由正式與非正式的教育機構，透過親職教育專家，講授親職的相關課程；它是成人教育，也是終身要學習的課程。

　　邱書璇、林秀慧、謝依蓉、林敏宜、車薇（2010）認為，親職教育是指，協助為人父母或即將為人父母者，瞭解自己的職責，提供有關兒童、青少年發展的知識，以及正確的教育態度，使其得以扮演適當的教育過程；簡言之，親職教育是教人如何成功地為人父母的教育。武瑢穎（2002）開宗明義提到，親職教育是培養父母教養子女的能力，及善盡為人父母職務的教育。

　　綜合而言，親職教育因受時空背景影響，具有下列五項意義：

1. 親職教育的目的：是增進父母教養子女的知能，開發兒女潛能、增進親子關係，扮演良好父母的角色，使成為稱職的父母。

2. 親職教育的對象：是指為人父母、即將為人父母，或實際從事未成年嬰幼兒、青少年的教養之工作者，例如：幼兒學校教師、托育人員、保育人員、祖父母等。

3. 親職教育的內容：是指有關兒童、青少年發展的知識、良好的教養兒女的態度與方式、家庭經營，以及成功、快樂、有效能的父母知能。

4. 親職教育的特性：它是一門終身學習的課程，是成人教育的一環，隨時隨處均可學習，是自發性、實用性、即時性、延續性及永久性的教育。

5. 親職教育的機構與人員：親職教育的教育機構，一般均由正式的教育單位，例如：高中、大學所開設的正式課程、中小學的親師活動等，或由非正式的教育單位，例如：文教基金會、大眾傳播媒體、平面媒體、救國團、社區發展協會或宗教社團等，所開設的短期課程、講習會、座談會，或親子互動性的活動，以及利用平面媒體，例如：通訊、期刊、刊物、報紙等專欄報導。

　　親職教育是一門終身學習的課程，可由知識學理及實務分享而學得，它沒有一定的標準，學習內容會隨時空而更迭，是學無止盡兼具藝術化的學問。

二、親職教育的重要性

　　優質的親職教育理念若能落實到家戶中，相信這個家庭是溫馨、和諧、快樂且有希望的；且親職教育能帶來家庭的活力，更是社會穩定的基石，促使社會安定和諧，國家就充滿競爭力、欣欣向榮。邱書璇等人（2010）指出，美國教育家陶森（F. Dodson）說過：「生育和撫育是兩回事，生育了小孩以後，並不是自然而然地就有撫育子女的智慧與本領，要想善盡為人父母的天職，亟需徹底地瞭解兒童的成長過程；許多父母只從經驗中，用許多錯誤的經驗，換來這份瞭解，如果事先就對兒童發展下點功夫，有許多錯誤是可以避免的。」

　　在現今社會中，絕大多數初為人父、人母者，均沒有事先做好親職的功課與心理準備，事到臨頭，小孩出生了，才驚覺父母天職的重任與困難，甚至有人一時手忙腳亂、驚慌失措之下，將自己親生的骨肉，沖入馬桶、丟棄垃圾堆或放置公園，造成的傷害實在難以形容。很多初為人父母者，絕大多數是複製早期自己父母教養兒女的經驗，從經驗中再施予自己兒女身上；可是時空環境與個人資質均大為不同，有可能因此造成兒女的不滿與反叛、背離社會主流、夫妻失和，甚至引起家庭解組，但後悔就為時已晚。很多為人父母者常說：「這個孩子，我無法教了，很不受教。」或說：「這是什麼社會！怎麼現在的青少年變成這個樣子！」遇到挫折與困難後，才發現親職教育的重要。今從各個角度面向來分析、探討親職教育的重要性，如下。

（一）就兒童、青少年而言

　　親職教育強化了父母的效能，為人父母者有了養兒育女的知能，在消極面上可改善親子關係、促進家庭和睦，預防不良兒童、青少年的發生，在積極面上父母能因材施教、因人適性的撫育各個兒女，開發兒女

潛能，造就較為優質的新生代，培育具競爭力的國家未來主人翁。

（二）就父母而言

　　孩子是父母一生最大也是最重要的期望，能培育優質的下一代，比送給兒女金山銀山更為重要；如能透過親職教育，使父母瞭解為人父母的天職，用心學習兒女發展輔導知識，建構幸福家庭常識，教育兒女的方式與態度，成為稱職有效能的父母，培育進步優質的新生代，兒女奉獻所學、服務社會人群，對父母來說，應是一生中最快樂、最成功、最有意義的大事。

（三）就家庭、社會而言

　　為人父母者若擁有親職教育的知能，且瞭解親職教育的重要性，就會以身作則，努力充實自己，夫妻協力合組幸福美滿家庭、教養兒女成才成器，家中充滿和樂，家人充滿希望和未來，家家戶戶和樂融融，社會充滿愛心與活力，成為溫暖、友愛、陽光的社會。

（四）就學校而言

　　學校教育的成功需要親職教育、家庭教育和社會教育的配合。現今社會上，很多的家長因生活過於忙碌、親職教育理念不足，加上有些家長認為用錢就可以解決孩子的一切問題，早上將兒女送進學校，到晚上才從安親班接回，對兒女的課業、生活、情緒、行為反應皆不加聞問，以為花錢請學校、安親班或補習班的教師，就可以解決孩子的所有教育問題，這種偏差的觀念，往往造就出很多兒女的偏差行為。相反的，家長若能重視親職教育、善用教學資源、發揮父愛和母愛用心照顧兒女，以正確的親職理念，配合學校教育，家庭與學校相輔相成，相信兒女在家是位好孩子，在校是位品學兼優的好學生。

（五）就社會、國家而言

問題青少年產生於家庭，顯現於學校，惡化於社會，弱化了國家；可知父母若有良好的親職教育理念，自然會用心的把兒女培育好，發揮兒女的長才，將來更能使社會安定和諧，社會充滿生生不息的活力，處處朝氣蓬勃，充滿競爭力，自然國富而民強。

綜合而言，親職教育可增強父母的效能，使其認清本身的職責，父母同心組織健康溫馨的家庭，培育優質的國家未來主人翁，社會祥和有活力，國家充滿前途與希望；親職教育在愈發達的文明社會，更受到重視，也更能發揮其教育的功能。如圖 1-1 所示，父母在游泳池中，很自然快樂的和兒女互動、溝通，也能做好親職教育兒女的功能。

圖 1-1　親子有效的溝通與互動

第二節　親職教育的實施對象

農業社會的生活型態單純，為人子女從小就每天跟著父母，不管在家或外出工作，都跟隨在父母身邊，身受耳提面命、諄諄教誨、耳濡目

染，這就是典型農業社會的親職教育。農業社會的時空背景很單純，為人父母者只要能複製自己父母組織家庭、賺錢養家、養兒育女的模式，就足以勝任為人父母的職責了。

但隨著時代改變，邁入了工業社會，為人父母的角色、家庭的結構皆有所改變，當然親職教育的內容亦應有所調整；為人父母者需要再學習，才能勝任家中的家長地位。資訊化的社會，知識科技日新月異、一日千里，家庭組織隨著核心家庭的產生而有了明顯的變化，社會環境更是複雜又多變，青少年所處時空、背景更是不同，青少年的壓力更大，競爭性更強，更加需要親職教育的專家來協助與輔導。常有人感嘆：「現在要為人父母真難！」因而，親職教育也成為一門專業性的課程。今日的父母面臨西方文化的衝擊、社會生活型態的複雜與多變、家庭結構的改變、少子化的影響，父母將每位兒女都視為至寶，對於兒女的教養愈來愈重視；為人父母者，對於如何在痛苦指數日增的今天，孕育幸福家庭，更是困難，因而親職教育的專門性課程，更是需求殷切，感覺需要接受親職教育的對象日益增多，茲分析如下。

一、 以參加親職教育對象的團體來分

（一）大團體輔導

台灣目前很多學校、公司行號，均會定期辦理團體性的親職教育相關活動。在大學，有新生入學家長座談會；而中小學每年都會辦理多次的親職相關活動、新生入學家長座談會、家長成長營；幼兒園的親職教育活動更是多彩多姿；這些活動主要的對象是學生家長、社區家長，或公司的工會成員。

（二）小團體輔導

有些父母對於兒童、青少年的教養輔導，會出現共同性的問題、類

似的困境，或對親職教育同樣感到興趣；因而志同道合的父母，會組成小型讀書會性質的團體，請專家學者定期或不定期，針對個案或主題進行輔導諮商，其成效良好。

（三）個別指導

林家興（1997）認為，父母在教養孩子的過程中，經常面臨知識與技能不足的困境，需要專家或有經驗的父母給予個別指導，例如：如何替新生兒洗澡？如何輔導反叛期的青少年？青少年嚴重的偏差行為如何解決？為人父母如何教養子女？這種個別性、深入性的指導，最能滿足父母的個別需要。

【案例探討與價值澄清】

主題：高中生週收數萬，大膽包申上學兼討債

案例：本案例是於 2010 年在台北市發生。竹聯幫天龍堂東湖會長陳○○經營運動簽賭站，涉嫌吸收童星起家的陳＊＊兒子——陳＃＃。陳＃＃等人在校園中充當組頭，拉攏同學加入幫派或簽賭，還涉及暴力討債。陳＃＃就讀高中後加入幫派，以經營簽賭討債為主，據知情人士瞭解，陳＃＃平均每週收入約有四至七萬元；讀高中時就搭乘包月的計程車，每月車資花費一萬五千元，平日上學兼討債，最後被警察查獲，士林地檢署以五十萬元交保。陳＊＊常說：「太忙了，沒有時間陪兒子」，出事後還說：「會陪兒子走過去」。

價值澄清：

1. 高中生加入幫派經營簽賭站，涉及暴力討債，如此行為，請問誰是輸家？誰該負責？

2. 家庭教育、親職教育，對青少年發展有多重要？

3. 父母對兒女的教養方式，該從何處學習？如何學習？

二、以參加親職教育對象的身分來分

（一）已為人父母者

　　已為人父母者，通常是各校或各民間團體辦理親職教育活動時，邀請的主要對象；因為這些父母對親職教育知能的需求殷切，加上同質性較高，參加學習的意願較強烈，他們幾乎都是馬上面臨，或曾經遭遇過很多有關教養兒女的困境，以及家庭上的相關問題，對於親職有關的知能或親子互動的技能需求較為急切，期望能扮演好父母的角色，建構溫馨快樂的家庭。

（二）將為人父母者

　　青少年在未來幾年後，也將可能成為父母，這些人可塑性高，若能早日接受親職教育，其效果會較好。但這些人也有一個共同缺點，就是他們總認為為人父母還很早，親職教育看起來似乎是事不關己，因此學習意願及動機會較差，但若等到事到臨頭才臨時抱佛腳，這時有的錯誤已經造成了。因而政府應努力宣導，讓他們瞭解親職教育的功能及重要性，早日學習親職知能，未雨綢繆效果會更好。

（三）與父母角色有關者

　　由於時代變遷快速，各行各業壓力大，且競爭激烈，加上經濟不景氣，很多為人父母者為了生活，必須離鄉背井、遠走他鄉，將孩子留給祖父母或親友來照顧，這是邁入工業資訊社會的台灣，另一種奇特的現象。而家庭固定的開銷大，社會上普遍存在著雙薪家庭，兒女放學時，父母還在上班或忙於事業，導致台灣社會產生很多的安親班、課後輔導班如雨後春筍般的相繼成立，這是另一特殊景象。而這些課後輔導班、幼兒園、托

兒所或國中小的教師，在每天的工作上，也實際背負著教養他人兒女的責任；但在目前台灣的教育制度下，他們普遍缺乏親職教育的有關課程與知能，沒有受過親職知能的訓練，因此這些人也十分需要進修研習親職教育課程，這是一群最需求親職知能的基層教育工作者。

三、以參加親職教育的意願來分

（一）主動積極型

一般而言，這一類型的父母或參加者，其社經地位較好，對兒女也較為關心，對於家庭的建構、兒女成長階段的輔導知能也都很關心，他們會主動積極參加各種親職教育研習，以及親子互動有關的活動。這些人出席率最高，學習態度良好，學習效果也最好，通常這一型的參加者，其家庭較為幸福、快樂，子女的成就表現也較好。

（二）勉強被動型

此一類型的父母或參加者，對於兒女關心的態度尚可，但若遇到工作忙碌或有其他事務，他們的出席率就會降低。參加親職教育活動時，若主辦單位認真邀請或給予鼓勵，他們還是會參加，只是較為被動而已；因而主辦單位在辦理活動前要特別留意這一群人，可再予以邀請或再度的提醒。

（三）逃避抗拒型

此一類型的父母或參加者，對於家庭經營、兒女成長的發展與輔導，均漠視不關心，反正就是不參加，甚至還有逃避參加親職教育活動的現象。其實這一類型的兒女或孫子女，在學校或社會上的表現都較差，也較常出錯或出現一些較大問題；因此，這些父母或祖父母才是真正最需

要接受親職教育的一群，也是承辦單位最感覺頭痛，而需要多加費神的；政府單位需要制定法規或落實政策，強制要求他們參加。

四、以參加親職教育的需求性（度）來分

（一）最需要

最需要也最亟需擁有親職教育理念者，例如：總統、行政院長、教育部長、內政部長、警察人員、各縣市機關首長、教育局（處）長、社會局（處）長，以及民政局（處）長等，他們規劃全國的親職教育政策，擬定各縣市親職教育方案及計畫，以及計畫的推行成果與考核。此外，若家中有問題青少年，且有繼續惡化現象，親子間嚴重發生溝通不良，亟需矯正嚴重青少年的偏差行為的父母或監護人，他們都是最需要親職教育知能的人，以便儘快解決家中現存的問題及青少年嚴重的偏差行為。

（二）很需要

很需要有親職教育理念者，例如：媒體工作者、中小學、幼兒園教師等，他們的工作性質與嬰幼兒及親職教育關係密切。其他如：懷孕的夫妻、為人父母者，以及實際從事撫育幼兒的隔代教養長輩們，例如：祖父母、姨婆、姑婆等，這些人每天接觸的對象是自己的兒女或孫子女，若具有親職知能，才能勝任教養年幼兒女的工作。

（三）需要

擁有親職教育的知能，才能建構溫馨幸福的家庭，培育優質的新生代，此會影響社會的安定及國家的發展；因此，像即將結婚或未婚的青少年、年輕人，都必須提早做好成為有效能稱職父母的準備。

第三節 親職教育的功能與目的

一、親職教育的功能

　　科技愈進步、社會愈複雜，人們的生活型態、生活方式的改變也愈快，人們的心理距離愈拉愈遠，使得家庭教育功能漸漸減弱，社會和家庭和諧難以持續，青少年的犯罪問題，例如：中輟、援交、吸毒、自殺、暴力、幫派、搶劫等，亦日趨嚴重，犯罪年齡層持續下降，犯案人數屢創新高，犯罪手法日益精進，不禁讓我們感嘆：這個社會到底怎麼了？

　　依筆者長年的實務研究經驗認為，應從親職教育著手，且深深感覺，應讓親職教育、家庭教育成為國人的一種全民運動，因為親職教育可使為人父母者成為稱職、有效能的父母，也才能合組溫馨快樂的家庭、培育國家未來優質的主人翁、發展和諧有愛的社會，使得國家更具競爭力，與世界接軌。由此可見，親職教育的功能多元、效力卓著，深深影響著每位國民、家庭、社會，甚至國家。

　　親職教育在消極面的功能，可幫助父母改善親子關係，使親子溝通順暢，減少青少年偏差行為的發生，家庭和諧安定，不致分崩離析；積極面的功能則可增進父母效能，成為成功、快樂、有效能的長者，認真貼切的關心兒女、強化親子關係、開發兒女潛能，兒女再將所學專長服務社會國家，使得家庭充滿和樂希望，改善社會風氣，提昇國家競爭力。

二、親職教育的目的

　　時代腳步不停的轉變，社會文化也不斷的變化，同樣的，受到社會演變及文化衝擊的發展影響，親職教育也應跟著時代脈動的腳步做調整。綜合而言，親職教育就是要充實父母知能、經營溫馨和諧家庭的理念、

瞭解兒女成長的發展與輔導知識、培養正確教養兒女的方法、增進良好的親子關係、開發兒女潛能、培育國家未來優質的主人翁、營造有活力的社會、增強國家的競爭力。

1. 整體目的：增強父母效能、增進親子良好關係、促進家庭幸福、培育優質的下一代、帶動社會國家長期的進步與發展。

2. 就教學目的而言：除了親職教育的知識技能外，更重視父母終身學習的態度，與溫和的情緒管理技巧。

3. 親職教育短期的目的，在協助為人父母者，或實際教養兒童的工作者，明瞭親職教育內容，以解決現有家庭、兒童所發生的問題，改善親子關係，增強教養兒童的能力，發揮有效的教學功能。

4. 親職教育長期的目的，在協助已婚、未婚的青少年，瞭解親職教育的真諦，來日成為稱職有效能的父母，建構幸福溫馨家庭，培育優質新生代，促進社會的和諧進步，增強國家競爭力。

第四節　親職教育的限制與困境

親職教育可幫助未來的為人父母者，瞭解親職教育的重要，努力學習親職知能，有朝一日能成為有效能的父母；幫助現任父母或從事兒童教育有關的工作者，例如：祖父母或幼托教師，給予嬰幼兒、兒童最好的成長環境及教養，培育優質的新生代。但親職教育並非解決家庭、子女所有問題的萬靈丹，親職教育乃有其限制與困境，茲分述如下。

一、親職教育改變父母的理念，並重視有效的實踐，因而成效緩慢

一般為人父母者，其年齡層平均約在二十五至三十五歲左右，從小耳濡目染，看著自己父母組成的家庭、照顧兒女的方法、管教子女的方

式，早已映入兒女的腦海中，因而常複製著父母的角色與理念，要再改變過去的觀念，而去接受另一種新思維、產生新的行為模式，較為不易，不但難以適用在兒女身上，且其成效相當緩慢。

二、親職教育沒有速成班

要學習成為一位稱職有效能的父母，需十至二十年的教育歷程，更何況社會持續變遷，為人父母者需不停的學習進修，才能與時俱進、事半功倍；也因不可能有速成班，若要為人父母者每週、每月，在上班的時間外，還需找出固定的額外時間到學校進修，的確有其困難。

三、親職教育無法替代父母角色，更無法接替父母去管教子女

親職教育是一門社會、人文、心理、教育、家政、自然與藝術的運用科學，提供父母教養不同階段子女的知能，但仍需為人父母者身體履行、融會運用，它絕對無法替代父母來管教子女，需要父母平日靈活運用心理藝術與教育學理為之。

四、親職教育須知行合一，身教、言教、境教，才能發揮功能

親職教育並非只有知識，它也有學習的態度與運用的知能，因此父母對親職教育須有知行合一的理念，更需配合身教、言教與境教，才能發揮其功能，使子女能耳濡目染，有良好的環境與學習典範。

五、親職教育的學理，無法有效放諸四海而皆準，需靈活運用通權達變

　　親職教育的學理，會隨時空環境而改變，兒女們也各具不同的資質與本性、天分、特長、心理變化，更何況家家戶戶文化不同、區域不同、情境多變，因此難以用一套知能而適用於不同的兒女及青少年。

六、親職教育是一門終身學習、學無止境的教育

　　親職教育會隨時代演進而有新的理論發展與創意，更何況兒女成長的每一個階段，所需的教育、撫育知能也不同，需要不同的親職教育內容，實施方式也不盡相同，因此親職教育是一門終身學習，且是學無止盡的教育，需要持續的進修與成長。

第五節　親職教育與家庭教育的關係

一、家庭教育、學校教育、社會教育的關係

　　林佳蓉、林佳勳（2010）指出，家庭是呵護兒童成長的地方，是家人共同生活的場所，是家人休息的地方，更是家人的避風港，家庭提供家人溫暖與細心照顧的功能，是其他單位所無法取代的；家庭是形成社會最基本的單位，更是兒女教育的第一場所，良好的家庭教育能夠促進家人和諧、增進家人情感、減少父母離婚、兒女努力向學、培育子女健全人格，且能減少家庭暴力、虐兒、性侵害事件的發生，間接增強社會的倫理道德，促進社會的進步與繁榮，更是學校教育、社會教育最大的助力，三者相輔相成。

【案例探討與價值澄清】

主題：教育部要求各縣市開辦「婚前教育」

案例：前教育部長吳清基於 2010 年表示，將把「婚姻教育」列為 2011
年家庭教育主軸，請各縣市家庭教育中心開辦婚前教育課程，
還要已婚者存「愛的存款簿」。教育部主管的《家庭教育
法》，自 2003 年立法起，規定地方政府應針對適婚男女，提
供四小時的婚前家庭教育課程，但台灣師範大學副教授林○○
表示，法令實施已七年，卻只有 6%的民眾知道有婚前教育這
回事，接受過婚前教育者更是鳳毛麟角。她曾針對報名參加集
團結婚的男女進行婚前教育，經調查發現，許多即將步入結婚
禮堂者，連對方婚後想不想生孩子？住哪裡？都未曾談過，更
不用談如何經營幸福家庭，以及未來的家庭教育與兒女的教養
方式。吳清基部長鼓勵已婚者到各縣市家庭教育中心，領取教
育部免費贈送的「愛的存款簿」，列上愛的行動，多儲蓄才會
讓婚姻更美滿幸福。但，目前整個台灣，領取「愛的存款簿」
的，有幾人呢？

價值澄清：

1. 台灣社會這麼多的亂象，是否跟《家庭教育法》未落實有關？未落
實《家庭教育法》是誰的責任？

2. 台灣是否該實施親職教育護照？您認為婚前教育該上哪些課程？

3. 為何知道婚前教育課程的人那麼少？該如何去推動？

二、家庭教育與親職教育

早期社會的家庭生活很單純，家庭教育都是由父母或長輩在日常生
活中，在很自然的情況下，教導養育子女的教育。早期的家庭教育幾乎

是親子縱向的人際關係與生活知能的傳授互動；然而隨著時代的改變，家庭教育也由單向演進為多元的家人關係，擴增為家人、家族、社區與社會的關係。簡言之，家庭教育即是增進家人關係與家庭功能的各種相關教育活動，家庭教育的對象是全體家人，且是全人的終身教育，形成一門專業性的教育活動。

家庭教育的範圍相當廣泛，只要能增進家人關係、強化家庭功能，或與家庭功能相關的各種教育活動，均屬之；因此，它包括親職教育、子職教育、性別教育、婚姻教育、倫理教育、家庭資源管理教育，以及其他與家庭有關的教育。而其中親職教育的功能在於增進父母的職能、帶動家庭其他教育的成就，更是家庭進步與發展最主要的動力；故親職教育成功，家庭教育自然有很好的成就表現。

【親職格言集】

任何事業的成功，都無法彌補家庭的失敗。

沒有再版的人生，應掌握有限的今生。

【問題與討論】

1. 親職教育的意義與目的為何？

2. 親職教育的重要性為何？社會上存在很多社會問題，均與親職有關，該如何落實親職功能？

3. 當今社會的親職教育功能不彰，如何透過您的影響力，發揮親職功能？

4. 家庭教育的功能為何？它和親職教育的關聯性為何？

5. 在親職教育活動中，很多的家長就是不來參加，學校或社區該如何引發其動機，使他們能主動前來參加？

Chapter **2**

親職教育的發展

第一節　社會變遷與家庭

一、家庭的定義與功能

　　家庭是由一群因血緣、婚姻、收養之關係，而居住在一起的人所組成的，長期共同分享家庭的利益，也共同分擔家庭的責任，慢慢形成生命的共同體，並且受親情的牽拌，家人心靈的契合，形成榮辱與共的生命組織體。家庭是個人生命中最先接觸的社會，也是最早社會化的環境，它的功能有：(1)情愛的功能；(2)生育的功能；(3)安全的功能；(4)傳遞文化的功能；(5)娛樂的功能；(6)教育的功能；(7)經濟的功能；(8)安定社會的功能；(9)其他有關家庭利益的功能。

二、社會變遷與家庭

　　人類社會的發展，由共同生活為目的的群居社會，進入男女兩性分

工彼此依賴，有了家庭雛形的狩獵社會，再進入勞力密集男女分工、分責自給自足的農業社會，接著轉型為社會發達，以致於需要男女皆進入職場，從事繁忙業務的工商社會，之後再轉型為依賴知識創新、資訊分享的知識經濟及資訊社會。家庭的多元轉型，因應著社會經濟型態的演進，每個人價值觀的轉變也與其息息相關。家庭的型態也由大家庭轉變為折衷家庭，再轉化為核心家庭，再衍生出現今的單身家戶或同居家庭；目前社會上的核心家庭、單身家戶與同居家庭比率，皆有升高的趨勢。

第二節　社會變遷與親職教育、幸福家庭

一、社會變遷與親職教育

　　一個人成長的過程受到父母、長輩、老師、兄弟姊妹、同儕的影響，其中影響最為深遠者是父母，而父母的親職理念也受到國家政策、社會、社區文化、教育、家族、親友等所左右，因而親職教育的知能，隨著社會變遷及家庭成長階段的演進而不同。早期狩獵及農業社會的親職教育內容相當簡單，主要學習打獵、農務、縫衣、織布、作飯、照顧子女及生活禮俗等；到了工商知識經濟、資訊社會，父母學習的親職教育內容，就變得多元廣泛且複雜，除了生活起居、謀生技能外，還包含兒女的身心發展與輔導知識、教養子女適當的方式與態度、子女行為改變的技術、親子溝通互動的方法、親職社會資源的應用等。由此可見，在社會不停的演進過程中，親職教育的對象、親職教育的內容、親職教育的實施方法、親職教育的目的、推行機構等，均隨著時空轉移在改變。

二、社會變遷與幸福家庭

（一）幸福家庭的涵義與社會變遷

幸福屬於身、心、靈層次的感受，也因個人感受不同而各有不同的詮釋。三級貧戶的子弟認為，只要有屋住、有一口飯吃、不被討債、父母有愛、兄弟有情，就是幸福，例如：一碗麵的故事，魏家家徒四壁，母親罹癌末期，家人只剩一碗麵，而父子五人能彼此共同分享，家人互愛關懷，就覺得幸福。但小康的家庭，吃穿不用愁，出門以車代步，每天若仍羨慕別人有名錶、名牌包，反而感覺不到幸福；而富豪人家的子弟，或許幸福的感受更不同。因而幸福家庭（happy family）的定義，因時代不同，因社會文化、家庭文化不同，也因受教育程度不同等，而有不同的意涵。

翁桓盛（2006）指出，幸福家庭是一個親密、和諧、溫暖、互愛、互助、關懷、自信、幸福美滿的家庭；家庭中充滿父父、子子、兄友弟恭、溫和謙讓的氣氛，就如同〈禮運大同篇〉中所描述：「幼有所長，老有所終，壯有所用」，過著溫馨和樂的日子。然而，幸福家庭的涵意隨著時代背景、時空轉移、社會變遷、地區的社會文化不同，而有不同的解讀。

（二）幸福家庭建構的策略與原則

1. 男女主人主導幸福家庭的模式

青年男女互信互愛而結為夫妻，要有建構幸福美滿家庭的美夢，因而夫妻二人必須共同協商，取得未來幸福家庭的模式共識，主導著這充滿溫馨、有愛、幸福、有希望的美滿家園，例如：感情經營、家庭計畫、經濟策略、兒女教養、家族互動等，使得家庭導向平順、安和與希望。

2. 家人互動、互愛、溝通良好

　　幸福家庭的家中成員，有情緣、血緣的情誼，有倫理美德的觀念，家人能互尊互重、互動互愛、相互關懷、相互切磋、相互勉勵，學習溝通的藝術，建構家人良好的溝通互動模式，與家庭問題的解決方法。

3. 長者展現寬厚的行動與精神的支持

　　家中的長者要有治家的長遠謀略，受到家人、社區的尊重，會以行動展現出對家庭經營的策略，對家人的關愛與支持，會以理性、智慧、積極的態度面對家中發生的事務，並與家人有良好的溝通，妥善的處理家務，使得家庭成為家人心中的依靠，是家人心中溫暖的窩及挫折時的避風港，更是再出發的好處所。

4. 家人心存善良，相互讚美與感激

　　幸福家庭的成員，人人心存良善、欣賞他人優點、分享他人長處、口出忠言，以讚美來激化家庭的活力，彼此相互鼓勵和安慰，真誠的關懷家族成員，使得家人感受到人生的價值與意義，並能更加努力向善，把自己表現得更好；無論是在家庭或職場上，均扮演良好的角色，心存感激，並安祥的過著幸福美滿的日子。

5. 家人凝聚共識，建構家庭願景，共享天倫樂

　　幸福家庭的成員相互關懷、溝通順暢、向心力強、易於形塑共識，遇到家中有困難時會同心協力，以理性面對來解決，將危機視為對家人的挑戰與轉機，陪同家人安然度過，共同成長，學得人生經驗，使得家庭在安和、平順、溫暖、互愛中，走向階段性的希望目標，共享天倫之樂，共享共同努力奮鬥的幸福家庭果實。

【案例探討與價值澄清】

主題：一碗麵的故事

案例：本案例於 2006 年發生在台中市。魏先生和魏太太是南投縣○○鎮的低收入戶，育有五子，魏先生平日以打零工、砍竹子為生。二月時，魏太太被檢查出罹患子宮頸癌，住進中山醫學大學附設醫院安寧病房，有一天醫院社工請孩子們吃麵，孩子們合吃一碗麵，麵還沒吃完，孩子們問阿姨社工，可否將未吃完的麵打包回去給爸爸吃，這故事因而傳開。魏家的人陸續接到社會各界熱心人士，積極要踴躍捐款，但遭魏家人拒絕，他們說：「還有比我們更窮，更需要幫助的人。」他們不怨天、不尤人，反而更感恩惜福；魏先生每天陪伴孩子和太太，幸福努力的度過每一天，孩子們跟媽媽、爸爸常相互擁抱、傾訴，最後媽媽在四月份離開人間。魏先生說：「也許在物質上不富有，但物質的東西永遠無法取代愛、溫柔、親切及同胞手足之感。」後來這五個孩子，在父親的帶領下，不但學業表現好、品性良好守秩序，參加校內和校外的比賽更常獲得獎項鼓勵，在家中家事分工合作，個個表現的孝順有禮。

價值澄清：

1. 幸福的標準在哪裡？

2. 如何創造幸福？您如何規劃未來幸福快樂的家庭？

3. 您認為目前台灣的家庭，幸福的比率有多少？政府該如何推動？

第三節　歐美先進國家親職教育的發展

一、歐洲親職教育的發展

　　歐洲的古文明文化，孕育出許多教育哲學思潮，產生了多位幼兒教育的先驅。早在希臘時代，柏拉圖（Plato, 423-347 B.C.）和亞里斯多德（Aristotle, 384-332 B.C.）就已十分注重幼兒教育，他們主張幼兒教育應在六歲以前開始，但是仍未提及父母在幼兒教育上的重要。直到希臘人普魯塔克（Lucius Mestrius Plutarchus, 46-120），才在他的著作《兒童的教育》（*The Education of Children*）一書中談及，兒童教育若要成功，最好由父母本身做起，若家庭不穩固的話，子女無幸福可言；至此才正式提出親職教育的理念。邱書璇等人（2010）認為，母親要負起養護子女的責任，而教養子女的辦法與態度，父母雙方皆須不停的學習。

　　柯門杻斯（John Amos Comenius, 1592-1670）在其《幼兒學校》（*The School of Infancy*）一書中，指出家庭教育的重要性，並以不辭辛勞、充滿愛心的園丁，來比喻父母親的角色，孩子唯有在父母的關愛下才能快樂成長。盧梭（Jean Jacques Rousseau, 1712-1778）曾被譽為幼兒教育之父，主因在於其著作《愛彌兒》（*Emile*）一書中，主張人性本善，應以自然的方式來教導幼兒，讓幼兒在自然的環境中成長；他認為教育應以兒童為中心，注重兒童的個別差異與興趣，這與現今適性教育、兒童本位教學的教育思潮不謀而合。裴斯塔洛齊（Johann Heinrich Pestalozzi, 1746-1827）力倡貧民教育，特別強調母親角色的重要，注重親職教育，敘述一位賢慧的母親如何教育孩子，營造溫暖的家。

　　福祿貝爾（Friedrich Wilhelm August Froebel, 1782-1852）於 1837 年，在德國創立世界上第一所幼兒園，是全世界幼兒園的創始人，被稱為幼兒園之父。他將教師比喻為園丁，幼兒比喻為花草，而學校就像花

園，三者同樣重要。他特別強調，幼兒園絕對無法替代家庭的教育地位和功能，幼兒園是家庭的一種教育輔助機構。他的理念深深影響幼兒教育的發展。

幼兒教學法的先驅──蒙特梭利（Maria Montessori, 1870-1952），是義大利的幼兒教育專家，其教育理念與教學法，至今仍深深影響世界各國的幼兒教育發展與教學。她認為，幼兒是教育的主體、教師是媒介、環境是工具，三者之間彼此相互影響；她主張教育需要給孩子複製一個良好的環境，並設計多種不同的教具，讓孩子能自由自在的活動，與自由的操作、快樂學習，從操作中增加學習效果。

皮亞傑（Jean Piaget, 1896-1980）針對自己三位子女的智力發展，進行深入的研究。他認為，幼兒的認知發展可分為四期，依次為感覺動作期、運思前期、具體運思期，以及形式運思期。皮亞傑主張幼年的家庭教育應是一個很值得重視的時期，此主張啟發了世人對幼兒教育研究的熱忱，讓親職教育、家庭教育普遍受到重視。

德國是世界上最早設立幼兒園的國家，並於 1917 年設立母親學校，開始推行親職教育服務，並於各縣市政府設立青少年局，負責有關親職教育的相關業務；在民間團體中，德國亦有家庭教育中心的成立，提供有關親子溝通、親職教育的相關資訊；在德國有許多學校，也開設親職教育的相關課程。

英國因小家庭多，因而嬰幼兒撫育問題亦較多，故普遍設有日間托育、臨時托育等機構，幼兒三歲時就可進入托兒學校（Nursery School），五歲可進入政府義務教育的小學就讀。親職教育的實施，主要以社區為中心，因而在英國社區中，普遍設有家庭中心（Family Centers），由義工來教導即將為人父母者養兒育女的相關知識。

二、美國親職教育的發展

美國的親職教育發展，是由家庭生活教育轉型而來，早期是以婦女

間相互學習，學習內容以日常生活知能為主，再配合各地的風俗民情，因而美國的親職教育發展，形成多元化、在地化、廣泛化的現象。

美國的幼兒教育，深受福祿貝爾教育理念的影響，於 1855 年設立第一所幼兒園，並有「全國母親協會」（The National Congress of Mothers）的組織成立，該協會後來改名為「全國家長教師協會」（The National Congress of Parents and Teachers），目的在增進家長與教師的合作，發揮親師教育的功能；1924 年，更成立了「全國親職教育委員會」（The National Council of Parents' Education），從事親職教育的學術研究、法令制定，以及親職教育相關活動的推行。

美國於 1916 年，在芝加哥成立家長合作式的托兒所（Parents Nursery School），由孩童的家長與教師合作，配合地區性特色，共同設計課程、教學內容與行政管理的推行，該制度的實施頗受肯定；因而在 1940 年，美國各州相繼成立家長合作式的托兒所。

在美國歷任總統中，以詹森（Lyndon Baines Johnson, 1908-1973）總統最關切貧民教育。詹森總統認為，教育是解決貧窮及抑制社會問題的根本之道，因而在 1965 年提出「提前就學方案」（The Project of Head Start），針對少數民族及文化不利、經濟困難，處於不利地區的兒童，實施提前教育方案，該政策對全世界的幼兒教育產生重大影響。目前台灣推出的教育優先區方案，與五歲兒童免費提前入學方案，與詹森總統的提前就學方案，頗有異曲同工之效。美國政府強調，教育要培育每一位幼兒成為國家所需人才，因而於 1970 年提出「適性教育方案」（The Project of Appropriative Education），針對兒童的本性、個別差異、性向，提供符合其能力的適切教育方案。

美國教育很重視在地化，在教育行政或學校經營方面，均鼓勵社區家長參與，歡迎各學區的學童父母、家長、士紳的意見，鼓勵他們參與子女的教育過程，包括：行政參與、課程設計、教學示範參觀、輔導活動等，而各州政府的教育局局長，均由各區教育協會同意後任用；因此帶來美國親職教育的蓬勃發展，也使得親職的活動多元而熱烈，家長們

也樂於配合，並參與學校的教育活動，使得親職教育在美國發揮很大的功能。此外，並與學校教育相得益彰，學校也推出一些親職相關的教育活動，例如：聯絡簿、園所資訊、親師會議、校外教學、家長座談會、家庭訪問，或家長接待室等。

【案例探討與價值澄清】

主題：國一男跳樓，少年留遺書：「遭霸凌求救無門」

案例：本案例發生在 2011 年。住在新北市蘆洲區的楊姓國一男同學，疑遭同學排擠而跳樓身亡。事後家屬找到他的千字遺書，指出父母沒空聽他說話，老師則對自己遭欺負「視而不見」，「我只能封閉自己，心已經死了」。楊姓學生在遺書中透露，當他被人欺負的時候，曾想告訴媽媽，但媽媽每天都很忙總是沒空，爸爸因為弟弟身體不好，為了弟弟的事情很忙，老師雖然看見他被欺負，卻沒說什麼。「既然沒人理會，我只能選擇沉默」，「我曾試圖找方法紓壓，都不被認同，最後演變成消極、自殘或睡覺，更加封閉自我，最後甚至放棄一切，選擇從世界中消失」。

價值澄清：

1. 此悲劇為何會發生？哪些人該負責？

2. 家長、老師對兒女或學生的敏感度，該如何訓練？以避免社會上再發生類似的問題。

3. 老師的專業該如何培養，才能造就出有專業、有愛心、肯犧牲、肯負責的老師？

4. 父母的親職教育理念明顯不足，該如何解決？

第四節　我國親職教育的發展

中華民國是禮儀之邦，推崇儒家思想，因而親職教育的發展甚早，其發展的軌跡約略可分為二個階段：第一階段為中央政府在中國大陸地區時期；第二階段為中央政府遷都台灣，定都台北以後的時期。

一、中華民國政府在中國大陸時期的親職教育

我國一向尊崇儒家學說，早期俗稱「禮儀之邦」，講求先修身而後齊家、治國、平天下，講究「本固而邦寧」，而「本固」就是修身齊家；因而中華民國自古以來，即相當重視家庭教育、親職教育，重視固有的文化，良好的傳統美德，傳統的良好道統，從堯、舜、虞湯、文武、周公、孔子、孟子等一脈相傳。古聖先賢有很多攸關修身、齊家、治國格言，在西元初年便有〈大學篇〉、〈禮運大同篇〉、〈朱柏盧先生治家格言〉、〈論語〉、〈中華文化基本教材〉等，可見修身、齊家的重要性。而修身、齊家就要先從親職教育、家庭教育著手，早期的孟母三遷，岳飛的精忠報國，不論孟母、岳母，均是我國早期推行親職教育，最佳的推行典範。

我國政府於 1945 年公布「推行家庭教育辦法」，這是我國最早推行親職教育的法源依據，主要以加強倫理道德教育、改進國民生活，以期建立現代化家庭為目的。並於 1946 年，在上海召開全國兒童福利會議，明示親職教育乃是促進兒童福利最基本的要素，所有的兒童福利工作人員，均應認真實施親職教育，健全親子關係。

綜上而論，我國早期秉承優良中華傳統文化美德，在社會組織上先從修身、齊家、治國而平天下；當時家家戶戶重視家庭教育、親職教育的實施與落實，各級政府機關也積極推行親職教育的工作，因此夜不閉

戶、治安良好，社會呈現一片祥和的景象。

二、光復後中華民國政府遷都台灣後的親職教育

中華民國政府於 1949 年遷都台灣，於 1968 年實施九年一貫的國民義務教育，隨即召開全國兒童少年發展會議，研訂「中華民國兒童少年發展方案綱要」，明確指出，為使兒童少年在社區中獲得正常發展，應加強家庭、社會及學校教育之密切合作，利用學校場所，對學生之父母實施親職教育；1986 年教育部頒定「加強民族精神教育計畫」，運用親職教育、社會教育，培養全民精神力量。可見中央政府遷台後，仍極為重視親職教育。

教育部於 1976 年在全國教育會議中，決議全面推行親職教育，並落實於各級學校。當年親職教育最大的推手，首推 1973 年擔任台灣省省主席的謝東閔先生，他堪稱為台灣的親職教育之父。謝主席大力提倡母教的觀念，發布「台灣省各社區推行媽媽教室活動實施要點」，要點中分為六大類，分別是：推動各社區設立媽媽教室、展開家政教育指導、健康保健、生產習藝、康樂及社會服務等。更於 1977 年，於當時的實踐家政專科學校（實踐大學前身），設置媽媽教室輔導研習營，企圖培育各縣市的媽媽教室種子教師、親職教育的輔導老師，並要求全國各公私立中小學，配合家長會、母姊會、班親會，舉辦媽媽教室或親職教育的相關研習或活動，增進親職教師功能，增強父母的教養兒女知能。

聯合國在 1994 年發起「國際家庭年」活動，倡導家庭教育的重要性，受此影響，我國開始積極研究立法，並於 2003 年頒布全世界第一部《家庭教育法》，藉由此法案讓國人瞭解，所有家人都可以學習與家庭相關的知識，也都需要終身學習，並藉由學習達到防範家庭問題發生的功效，以期培育優質的新生兒，建立幸福和樂的家庭。該法具有五大特色，分別為：

1. 這是全世界第一部家庭教育相關法規，也是唯一有法律依循的《家

庭教育法》。

2. 確立家庭教育推展的體系。

3. 以專業的理論與知能，預防家庭問題的發生。

4. 確立家庭中的人、事、物，均是家庭教育的範疇。

5. 確立家庭中每位成員，皆須終身學習家庭相關的知識與技能。

在政府體系方面，最積極推動親職教育、家庭教育的，是 1973 年時任台灣省省主席的謝東閔先生；其次是 1980 年代，時任台灣省教育廳廳長的黃昆輝先生。黃廳長自美國學成歸國後，有感於美國社區參與學校教育成功的典範，以及家長參與學校經營的成功先例，回國後努力提倡家長參觀教學日，鼓勵家長積極參與學校的行政、教學、服務、輔導工作，具有特殊專長的家長，可參與學校教學，也可參與學校各式的活動。而學校義工隊的成立，更幫助學校解決很多專業、設備、人力不足的問題，甚至學生中輟、違規、課業輔導的心理輔導之工作；此乃開啟了台灣省中小學結合社區家長，共同經營校務的先鋒，通令全省各中小學推出家長聯絡簿、班親會、親師座談會、親職講座，使得家長會蓬勃發展，帶動台灣省的親職教育在各級學校推行落實的風潮，至今全國各大專校院也大力提倡親職教育。

親職教育目前在民間組織機構，也頗受重視，例如：社教館、救國團、文教基金會等，甚至很多大型的公司行號，為增進員工的家庭幸福美滿、安定員工的工作情緒、提昇員工的工作產能，也利用各種集會或旅遊，安排親子方面相關的教育與活動。在媒體部分，於各平面媒體或期刊，均有親職教育相關的專欄，提供讀者有關親職教育資訊；從 1985 年開始，在教育廣播電台開闢有關親職教育、家庭教育的節目，提供良好的親職教育資訊，與聽眾產生良好的互動。近年來在公共電視台，更有固定的親子溝通、親職知能的相關節目播出，其成效良好；而一般的電視台，也有感於身負社會教育的責任，因此陸續製作家庭教育或親職教育的相關節目，期望節目能更活潑、多元、專業，以帶動台灣的親職教育，更向下扎根、向上發展，精益求精。

【親職格言集】

　　家庭教育做得好，幸福家庭沒煩惱；

　　家庭教育若要好，親職教育不可少。

【問題與討論】

1. 人類社會的家庭型態如何轉型？社會變遷與家庭的功能有何關係？

2. 社會變遷與親職教育的功能有何關係？

3. 幸福家庭建構的原則為何？幸福家庭有何特徵？

4. 美國親職教育的發展有何特色？

5. 中華民國政府遷台後，親職教育的發展情形如何？

Chapter 3

成功有效能的父母

一、父母角色的認同

俗話說：「手抱子女時，才知父母恩」，換句話說，在自己子女尚未出世前，一般人都無法體會為人父母的重責大任、艱辛與困難，在子女出生的這一刻，為人父母者其內心的感受才會特別深。所以，社會上的同居族或頂客族，他們不婚、不生、不育，或許是因為對父母這個角色有些惶恐；也有很多未婚懷孕的少女，當小孩出生時，因為不知如何當個母親，一時恐慌害怕，而將無辜的小生命沖入馬桶、放置公園或擺在路邊。其實父母的角色（the role of parents）被社會認定為，具有特別的任務、肯定與高度期待，因而父母角色在人生中，是一個非常重要的關鍵點，往往也被社會視為「轉大人或成人」的一項重要指標。為人父母者若能認清自己的角色，明瞭父母角色的榮耀、幸福、責任與重要，努力的學習善盡為人父母的職責，學習如何成為「賢父良母」，相信必

能建構溫馨、幸福美滿的家庭。扮演父母的角色雖有困難，但其中所得到的樂趣、幸福感受、人生的圓滿無可取代，此時才能體會當父母原來是一生中最幸福與值得的事。

二、父母角色的學習

專業是代表在某一行業中有學理基礎，更有技能專長，才能在該行業中有良好傑出的表現。時代在進步，父母可視為生兒育女、家庭經營中專業的一種表徵；有了專業能力的父母，才可培育優質的下一代，就如同擁有駕照，才能在任何崎嶇複雜的山區道路上，得心應手，享受開車的樂趣，而無照駕駛或僅知些微的開車技術，則很容易造成車毀人亡。一般人均要到特別的駕訓場所，由專任教練教導並不停的練習，最後通過考試，才能獲取駕照。而父母這種專業角色比開車更為複雜、重要，甚至影響一個人一生的成就與人生價值，因此平日我們均應有「處處學、專業學、終身學」的學習概念。

沒有人天生就是稱職的父母，往往結婚生子的那一刻，才開始思索如何成為模範夫妻或賢父良母；也有人在小孩出生後，才驚覺為人「父母」是多麼沉重，而難以承受、無法適任，甚至把愛的結晶、懷胎十個月的小生命丟棄；絕大部分的夫妻，均未事先學習當父母的知能，若是等到將要結婚或已有小孩，才開始要學習，但這個階段，卻也可能正是個人事業要努力衝刺的時期，在十分忙碌的情況下，難以抽空學得為人父母的一技之長。因此，在學校、家庭、職場、社會上，均應提早並隨時把握學習為人父母的良機。

第二節 父母角色的調適

熱戀中的青年男女因愛而結婚，卻常常因一時感情的迷惘，對愛情

的憧憬而結合，許多人較少理性、理智思索結婚的真諦與結婚的延續，以及夫妻如何攜手走到白頭偕老。尤其婚後面臨事業、經濟的衝擊，若再加上新生兒的誕生，往往造成二人心理、生理、經濟、社會角色、儀容、感情等皆面臨巨大的改變，因而對於為人父母角色的瞭解與調適，相當重要。

一、生理方面的調適

　　青年男女結婚後，結束了單身的生活，就生活型態、生活方式而言，因受夫妻雙方的婚姻相互約束，生活起居將有很大的改變，例如：生活作息較為正常，為了家庭經濟，勢必犧牲很多娛樂活動等。因為生活型態較為固定、生活作息正常，因而丈夫體形可能有發福跡象，工作壓力大、年齡漸增，一些慢性疾病（例如：高血壓、糖尿病等）也會相繼出現，生理功能明顯退化；而妻子則面臨懷孕、生產體形的重大改變，尤其小孩出生後，母體養分的大量流失，可能有產後憂鬱症，女性荷爾蒙的分泌也隨著年齡增長而大量減少，臉上光澤漸漸失去，美麗的儀容不再，加上新生兒有很多細膩的照顧工作，均需為人母親者親自處理（例如：哺乳、撫育等），勢必對生產後的母體元氣大傷，亟需在短時間內復原。生理上的重大改變，對夫妻的調適是一大考驗。

二、感情方面的調適

　　男女結婚後，漸漸的，戀愛時的新鮮感會消失，彼此的濃情蜜意也會隨著歲月流逝而減少；加上由於二人來自不同成長背景，有著不同價值理念、不同認知觀念，朝夕相處勢必產生很多的爭議與摩擦，大小爭執是無法避免的，感情也因而容易產生變化，外加經濟、生活和事業工作的壓力，雙方家族相處的壓力，夫妻生理的改變，儀容、優雅氣質不再，發脾氣、糾紛、爭執反而愈來愈多，兩人的感情可能產生重大的變

化。因此青年男女在婚前，或將為人父母時，就要有充分的瞭解、萬全的心理準備，否則夫妻要維繫良好感情真是不容易。

三、心理方面的調適

　　青年男女婚後蜜月期一過，夫妻二人便會開始思索現實的生活問題，例如：面對職場的壓力、工作如何突破、職業願景的追求、承受家庭雙方家族互動的壓力、成立新家庭的經濟壓力，以及現實的社會考驗；然而卻較少考慮到如何成為一位成功稱職的父母，為人父母需要具備哪些知能？等到小孩一出生，新手父母手忙腳亂，不知如何應付又心急，萬一新生兒的健康又不是很順利，所引起的困擾將更嚴重影響夫妻二人的心情；尤其小孩出生後，丈夫應有責任心、幸福感，妻子應有母愛偉大的尊榮感、快樂的付出，但是丈夫的生活重心往往擺在事業，妻子重心則大部分轉移在小孩身上，導致夫妻間的心靈距離愈來愈遠，也由濃情蜜意、你儂我儂的新婚階段，步入平淡樸實，甚至演變成感情無感的狀況，婚姻漸漸出現嚴重的問題。因此平日宜多加觀察，學習體認父母的角色，強化心理建設，才能成為賢父良母、成功稱職的父母，並維持幸福的婚姻。

四、經濟方面的調適

　　錢雖非萬能，但沒有錢是萬萬不能，可見錢雖非人生中最重要的，但它對日常生活、婚姻、家庭生活卻相當重要，因而古人說：「貧窮夫妻百事哀」。

　　古諺：「男大當婚，女大當嫁」，這是農業社會的生活觀念，因農業社會生活單純，養兒育女較為簡單，兒女在農業社會的時空環境下，社會上消費性的誘因少，消費性種類少，兒女的慾望較少，因而為人父母者，只要供給小孩生活的必需飲食溫飽已足；然而在資訊社會的今日，

生活消費水平高，消費形態多元而複雜，社會上不良的消費誘因又多，注重速食性的生活享受，包括：手機、網路、嬰幼兒奶粉、尿布、補品、玩具、各式飲料等，固定的高額房租造成卡債、小孩各式的學藝、才藝補習班琳瑯滿目，婚後家庭的開銷實在太大，經濟的壓力迫使很多人不敢結婚、不敢生小孩。因此，在婚前兩人就應有詳盡的理財原則，要有小孩自然適性的教育觀念，財務發展的妥適規劃，否則夫妻會因經濟壓力時而發生爭吵，嚴重影響夫妻的感情，甚至以離婚收場。

五、家族生活互動的調適

夫妻結婚後，兩人馬上要面對與對方家族成員的互動，尤其一位單身女子搖身一變要成為人妻、媳婦，若又有小姑、叔伯的共同生活，每日除了上班工作壓力、家事壓力外，還要面對新的生活習慣、新家人習性，適應一種前所未有、陌生的生活。要與一群有很多禮俗差異、生活習慣差異、價值理念差異，甚至觀念不完全相同的人朝夕相處，已經非常辛苦，若外加小孩的出生，增加更多小孩複雜的問題亟需馬上處理，其雙方心理壓力的調適，確實不是一件容易的事。首先，夫妻要有寬宏大量的心胸，視雙方長輩為可敬可愛的家人，視親友如同己出，誠懇待人、禮數周到，並在即將為人父母前，盡力去設法學習、適應，早日做好心理的調適工作，否則將會影響夫妻的感情，因而與雙方家庭的家族不合而時有爭吵，甚至離婚。

六、職場工作的調適

今日的台灣社會，生活開銷大，很多婦女婚後都必須投入職場工作，有的結婚前就已在上班，婚後要適應雙方新的家族生活、夫妻生活的調適，以及小孩繁多的瑣事，又要在職場上保有一定的績效，真可說是蠟燭兩頭燒，其辛苦程度將可預見。況且，在台灣社會多少存在著「婚姻

條款」，對於已結婚或有小孩的職業婦女較為不利，一旦小孩出生，小孩的瑣碎問題又多，要想照顧好下一代，談何容易！況且每天一大早小孩的接送，放學時補習班、才藝班的趕場，均需為人父母者親自處理，但若需加班或仍在上班時間，或會議進行中，如此情況下怎麼辦？由誰負責？多多少少會影響夫妻兩人在職場上的表現與績效；萬一又有子女的課業問題，或偏差行為的發生，夫妻兩人生活必不得安寧。故為人父母者，需先做好夫妻協商，事前妥適的規劃與安排，有條不紊的安排職場與婚姻生活，創造雙贏，及早做好職場的調適準備。

七、生活壓力的調適

農村生活日出而作、日落而息，天天相安無事，壓力很少，生活感覺幸福美滿；而愈發達的社會，百姓感覺壓力愈大，為人父母者每天面對夫妻感情壓力、生理、心理、儀容壓力、經濟壓力、家事壓力、家族互動壓力、職場壓力、失業及通貨膨脹壓力（痛苦指數）等，因而現代的夫妻需要更堅強地面對來自各種不同的生活壓力，否則易影響生活品質，更易影響夫妻的感情生活。因此為人父母者，婚前兩人要協商妥適的人生規劃，培養共同的興趣、運動、休閒等，否則易於因生活壓力無法紓壓或減壓，形成憂鬱症或產生長期性的情緒困擾，甚至自殺。

【案例探討與價值澄清】

主題：教授夫妻恩愛腐蝕，小孩贊成「快點離」！

案例：本案例於 2011 年發生在台北市。於國立大學任教的一對夫妻，
均擁有博士學位的高學歷，在國外留學時兩人認識，從相識、
相戀後結婚，如今要鬧離婚。妻子說丈夫常罵她「妓女」，甚
至向岳父說：「您女兒很差勁，我要退貨。」丈夫常指責妻子
不孝。妻子則指控丈夫，常用輕視言語嘲諷及不堪入耳的言語
貶損其人格；丈夫反控妻子近幾年性情大變，誣指她用迷信控
制小孩。於是兩人在法庭上爭辯，最後法官傳喚兩人的小孩作
證，小孩證稱：「媽媽受不了父親一直要趕她出去，有一次媽
媽多抽幾張衛生紙，就被爸爸責罵」；法院最後判決離婚生
效。

價值澄清：

1. 家庭經營是否該有中心目標？夫妻感情如何經營？
2. 高學歷、高收入、高社經地位的家庭，為什麼也會出現家庭問題？
3. 法官因兩人無法溝通，判決離婚。當年恩恩愛愛、相戀結婚，為何
今天卻離婚收場？

第三節　成功有效能的父母

一、成功父母的涵意

　　成功父母（successful parents）沒有一定標準，也沒有標準答案，但
能從家族互動、家人整體表現、家庭氣氛、親子關係中，可約略看出成
功的父母角色該如何扮演。凡父母有治家謀略，肯努力於職場，隨著科
技、社會文化的進步而不停學習，儘量多留時間陪同家人，和家人共同

成長、同樂，對家人互尊互重，做好良善的溝通互動，能以身作則，以教育性的愛，培養子女良好的生活常規，鼓勵兒女並發展兒女潛能，培育其長才服務社會，則堪稱為成功的父母。

二、成功有效能的父母

　　成功有效能的父母（effective parents）可使家人和樂融融，發展兒女長才，使家中充滿歡樂與希望。邱書璇等人（2010）指出，婚姻與家庭專家杜佛（Duvall, 1997）將好父親與好母親的標準，分為傳統性和發展性的概念兩類，如表 3-1 和 3-2 所示。

表3-1　好父親的條件：傳統性的觀念、發展性的概念

傳統性的觀念	發展性的概念
1. 為子女訂定目標。 2. 替子女做事，給子女東西。 3. 知道什麼對子女是好的。 4. 期望子女服從。 5. 堅強永遠是對的。 6. 有責任感。	1. 重視子女的自主行為。 2. 試著瞭解子女和自己。 3. 承認自己和子女的個別性。 4. 提高子女成熟的行為。 5. 樂意為父。

資料來源：邱書璇等人（2010：164）；黃迺毓（1998：68）

表3-2　好母親的條件：傳統性的觀念、發展性的概念

傳統性的觀念	發展性的概念
1.會做家事（煮飯、洗碗、清掃等）。 2.滿足子女生理需要（吃、喝、穿）。 3.訓練子女日常生活習慣。 4.德性的教導。 5.管教子女。	1.訓練子女獨立自主。 2.滿足子女情緒需要。 3.鼓勵子女社會性的發展。 4.促進子女智能發展。 5.提供豐富的環境。 6.照顧個別發展的需要。 7.以瞭解的態度管教子女。

資料來源：邱書璇等人（2010：164）；黃迺毓（1998：61）

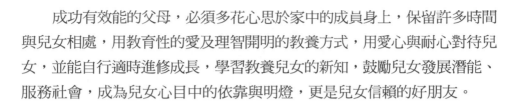

　　成功有效能的父母，必須多花心思於家中的成員身上，保留許多時間與兒女相處，用教育性的愛及理智開明的教養方式，用愛心與耐心對待兒女，並能自行適時進修成長，學習教養兒女的新知，鼓勵兒女發展潛能、服務社會，成為兒女心目中的依靠與明燈，更是兒女信賴的好朋友。

第四節　偏差失敗的父母

　　在複雜的社會中，常會遇到多變的情境，人生的旅途必然一波三折、困難重重，此時父母的堅持信念若不夠，絕對無法度過難關，更無法造就優質的下一代。而讓子女從小就受到家庭、社會的挫折與污染，為人父母者若無法給予正確的教育理念，則使得子女心靈受到質變，子女會變本加厲危害社會，成為社會的寄生蟲或社會的惡霸。究其原因，皆是家庭教育和社會教育的失敗，套句教育學的名言：「問題青少年產生於家庭，顯現於學校，惡化於社會」，可見偏差失敗的父母（failure parents），會替社會製造很多的紛擾與是非。茲將偏差失敗的父母特質，臚列如下：

1. 沒有家庭責任、只顧自己享受。
2. 沒有家庭目標，家人像無頭蒼蠅生活。
3. 治家無能，不知檢討。
4. 教子無方，不知學習。
5. 偏差惡習，不明是非。
6. 不重家教，以身作賊。
7. 缺少用心、用情與包容，沒有長者風範。
8. 夫妻不和，忍受力不足。
9. 夫妻角色錯亂，家人凝聚力不足。
10. 不重修持，失德失能。

【案例探討與價值澄清】

主題：震驚全國的翁奇楠命案，殺手廖○○主動投案

案例：本案例發生於 2010 年。震驚全國的黑道角頭翁奇楠被槍殺命案，槍手廖○○來自一個破碎家庭，國二開始翹課、翹家、混黑幫、偷車、搶夜歸婦女、拿鐵錘搶銀樓、替老大背槍、開槍，愈混愈大尾，終成殺人不眨眼的兇手。廖○○的父母在他念國小時離婚，父親染上毒品，多次進出監獄，他由祖父母隔代教養長大，疼愛他的祖母經營有女陪侍的飲食店，他耳濡目染，從小就身心發育不健全。

價值澄清：

1. 該案震驚全國，連時任台中市的市長胡志強，幾乎因此下台，請問哪些人該為此案負責？

2. 為什麼會發生如此重大刑案？原因有哪些？該如何補強？

3. 針對偏差失敗的父母，國家該有哪些對策？

4. 破碎家庭、離婚家庭、隔代教養家庭，在台灣愈來愈多，也造成很多的社會問題，哪些人該為此負責？政府該如何解決？

5. 隔代教養家庭在台灣社會相當普遍，而祖父母的年齡大、體能差、親職知能又不足，學校與政府單位該如何推動親職教育的工作？

第五節　父母效能訓練與邁向成功、快樂、有效能的父母

一、父母效能訓練

　　沒有人天生就能成為賢父良母，更沒有人生下來就能成為稱職有效能的父母，因有效能的父母並非天生，而是需要不停的努力學習。但擁有再好的學理，終須要能運用並產生好的效果，才會被肯定，「父母效能訓練」（Parent Effectiveness Training, PET）就是要將親職學理，轉換成可直接傳授給父母的親職教育課程，經實際演練後，能使父母於管教兒女、親子溝通、家務經營等技巧上，產生有效的行為；繼「父母效能訓練」後，陸續還有「有效能父母系統化訓練法」（Systematic Training for Effective Parenting, STEP）的推出，其目的均為增強父母的親職知能，強化父母效能的實務運作與技巧。

　　王鍾和（2009）指出，「父母效能訓練」（PET）不僅是技巧的訓練，參與者必須在監控的情形下接受指導，透過教師的實證教學與典範來演練。它只是一個學習過程的開始，父母必須實實在在地於教室內，不斷的精熟各種管教技巧，如此若在家中真正遇到問題的時候，才能夠順利應用。其流程如圖 3-1 所示。

　　綜合而論，父母效能訓練主要目的並非要訓練父母，而是要增強父母的效能，因而只要和父母效能有關的事務，均為父母效能訓練的題材，例如：家庭布置、美化環境、兒女管教方法、親子溝通互動、家庭經營等。

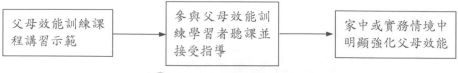

| 父母效能訓練課程講習示範 | → | 參與父母效能訓練學習者聽課並接受指導 | → | 家中或實務情境中明顯強化父母效能 |

圖3-1　父母效能訓練流程

資料來源：作者自行整理

二、邁向成功、快樂、有效能的父母

　　很多初為父母者，未曾想過如何扮演成功、快樂、有效能的稱職父母，頂多開始反思自己的父母、親友或同事，其在為人父母時的生活種種，或複製其父母為人父母的模式。但家庭文化不同，時代快速變化，社會情境多變，若沒有事前充分學習，不斷充實為人父母的知能，事到臨頭經常不知所措，但此時對兒女、家庭的傷害可能已經造成。成功有效能的父母，要及早準備，否則用很多錯誤的經驗，才換得一點小小成就，那是不值得的，唯有靠親職教育課程、親朋好友先例、師長的學理與經驗，不停的進修認真學習，才能往稱職父母的理想邁進，期望有了稱職的父母，才能孕育優質的新生代、提昇國家的競爭力。有效能的父母，其經營的家庭富有倫理道德觀念，能培育兒女正確的人生觀，與兒女相處亦師亦友，家中充滿歡樂與希望，家庭富有活力與競爭力。家中每一份子均深深熱愛這個家園，共同開創家庭的生命力。要成為成功有效能的父母，應有下列特質：

　　1. 家庭經營與職場表現二者兼顧。
　　2. 建構幸福家庭共識，教養兒女理念一致。
　　3. 瞭解兒女並以身作則，適切教養與輔導。
　　4. 設計適宜環境，開發兒女潛能。
　　5. 汲取教養知能，適性輔導發展。
　　6. 陪同兒女成長，形塑家人生命共同體。

7. 以愛心、耐心、用心教養兒女，形塑天倫家園。

8. 維護傳統美德，融入新知與世界接軌。

9. 教導生活知能，培育優質兒女服務社會。

10. 時時自我省思，邁向稱職有效能的父母。

【親職格言集】

　　請萬能的主，使我的兒子足夠堅強，知道什麼時候他最軟弱；足夠勇敢，在他害怕時能夠自持；使他成為一個勝不驕、敗不餒的人。

　　請使我的兒子能夠不以空想代替行動；使他認識您，同時知道認識他自己是知識的基石。我祈求，不要讓他走上安逸舒適的道路，但讓他接受困難及挑戰的磨練及刺激。讓他從中學習，在風暴中站立起來，讓他從中學習，同情失敗者。請使我的兒子心地純潔，目光遠大，使他在學習指揮別人之前，先學會自治，使他成為一個可以矚望將來，但永不忘記過去的人。如果他能做到以上所說的一切，我還要祈禱上帝賜給他充分的幽默感，那樣儘管他可能經常保持嚴肅，但不致於使他自己過於嚴肅。賜給他謙恭，使他可以長久記住，真正的偉大是單純的，真正的智慧是坦誠的，真正的力量是謙和的。然後，做為父親的我，才敢輕聲的說：「我總算這輩子沒有白活！」（恭錄〈麥克阿瑟為子祈禱文〉）

【問題與討論】

1. 成功有效能的父母有何特徵？您將如何學習？

2. 偏差失敗的父母有何特徵？您將如何預防？

3. 父母的角色在社會上的重要性為何？您將如何為扮演良好父母做準備？

4. 就您所知，該如何邁向成功、快樂、有效能的父母？

5. 家庭生活週期與父母角色的關係為何？

Chapter 4

親職教育的理論基礎

　　親職教育是把為人父母當成一種職業、事業來教育，須完成父母的親職養成教育，才能勝任父母的職責，陪著兒女一起成長，接受兒女成長各階段的歷練與衝擊；親職教育是成人教育的一環，也是終身教育，從結婚或懷孕開始的胎教，嬰兒出生時的撫育，嬰幼兒在成長時的生理、心理、情緒、認知發展，而至兒童、國小、國中、高中、青少年各階段的成長，其人際互動、道德、品德、良好生活習慣的養成，均須有深奧的學理與知能。親職教育的推行與親子的溝通互動、父母效能的增長息息相關，更關係著親職教育的成敗；本章謹就溝通理論、親子溝通、家庭領導理論、學習型家庭，以及行為改變技術等，做深入淺出的分析。

第一節　溝通理論、親子溝通的意涵與方式

一、溝通的意義

　　黃昆輝（2002）認為，溝通（communication）是經由語言或其他符號，將一方的訊息、態度、知識、觀念，乃至情感等，傳達到對方的歷

程；羅賓斯（Robbins, 2001）認為，溝通是意義的傳達與瞭解的過程；翁桓盛（2006）指出，溝通應是經由語言、肢體語言或符號來傳達，將一方的訊息與另一方產生互動，並進而產生認知與情感的交流。親子間的溝通互動良好，親子間能做有效的溝通，除了增進良好的親子關係，並能使子女的人格、品德、身心健全發展。

二、親子溝通的要素與目的

（一）溝通的要素

溝通除了與當事者在溝通時所使用的工具、媒介、環境有關外，謝文全（2004）認為，溝通的要素有六：人（發訊者、收訊者）、訊息、媒介、管道、環境，以及回饋，這六個要素之結合，形成一個完整的溝通流程，如圖 4-1 所示。

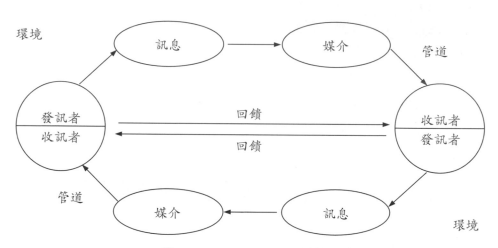

圖 4-1　溝通的要素與流程

資料來源：謝文全（2004：210）

由圖 4-1 可知，要產生良好的溝通，而引發良好的互動，除了發訊者、訊息、媒介、管道、收訊者外，溝通的環境與回饋更為重要；親子

互動要有良好的氣氛、和諧的環境與回饋，否則如同對牛彈琴，達不到溝通的目的。

（二）親子溝通的目的

親子的互動產生親子共識，增加兒童的認知，自然能引發親子情感，促進幼兒情緒的穩定與知能的學習，發展健全的人格，有助於青少年身心健康和發展。親子溝通的目的如下：

1. 資訊的傳達：親子有良好的互動，資訊能相互傳送，各自表達自己的情緒、意志、希望與需求，獲得身心靈的滿足。

2. 情緒的穩定：小孩因年紀小、認知少、經驗不足，人生閱歷不多，擁有的知能很有限，因而容易受環境的變化與刺激，造成惶恐與情緒不安；唯有透過良好的親子、親師互動，才可使小孩的情緒穩定。尤其嬰幼兒階段，最容易受到驚嚇。

3. 知能的成長：從胎兒胎教、嬰幼兒開始，小孩日漸成長，日益茁壯長大成人，在人生的旅途中，可從父母或其他人身上學習到很多知能，成為日後家中優秀的一份子，更是國家社會未來的主人翁；相對的，父母也可從與兒女的互動中，促進親子相互學習與成長。

4. 人格、身心健全發展：良好的親子互動，可使親子產生良好的感情、穩定的情緒發展，拓展小孩良好的人際關係。在成長過程中和父母、師長、朋友互動，共同成長、運動，建立自己健康的人生觀。

5. 增進親子情誼：親子關係是世界上最純潔、最高貴、最誠摯的愛，親子若能溝通產生良好的互動，其親子情誼血濃於水，親子互動相互回饋，增進彼此的認識與情感，這絕對是世界上最美好、最純真的愛與良好的情誼。

6. 精神的傳承與相互的期許：在家族、家人互動中，長輩往往透過

有形、無形、經意或不經意中，把家族的精神、家族文化傳達到兒女身上，並產生回饋，使得家族精神得以傳承。在親子互動中，父母和子女分別有不同的需求與期望，也在互動中迎合所好，各取所需。

三、溝通的方式和種類

（一）溝通的方式

溝通的管道（communication channel）有正式、半正式和非正式三種：正式的溝通，例如：演講、上課等；半正式的溝通，例如：三五好友的交談討論；非正式的溝通，例如：私下的相處。以溝通流動的方式分，有下行、平行和上行三種：上行者，例如：對長官、上司的報告；平行者，例如：同學或兄弟姊妹間的互動；下行者，例如：老師對學生的告誡。一般而言，親子的溝通以半正式、非正式、平行及下行居多。

（二）溝通的種類

溝通的種類有交錯溝通、互補溝通和曖昧溝通三種（邱書璇等，2010），茲分述如下。

1. 交錯溝通，又稱為交叉溝通（cross communication）

溝通時，刺激與反應不在預期中，難以產生連結，而產生不恰當的反應；在溝通時，路線呈現交叉，此時溝通可能會退縮、逃避或停頓，也可能產生另一種溝通方式，有時好像雞同鴨講，並不符合當初溝通的原始動機，例如：

母：你要去哪裡玩？

兒：管那麼多！

2. 互補溝通（complementary communication）

當刺激與反應可相互連結，且刺激發生於某個自我狀態，即可在該自我狀態中收到反應；若是溝通採取開放態度，反應又是合乎原來的刺激情境，合乎預期的反應，則可使溝通更為明朗順暢、氣氛融洽，溝通將會持續進行，並且使發訊者、收訊者均有一圓滿合意的結果，較能達成原始的溝通動機，例如：

父：你們過年要去哪兒玩呀？

子：我認為墾丁不錯。

父：墾丁有什麼好玩？

子：那裡是有名的觀光景點，有海上風光和陸上的熱帶雨林。

3. 曖昧溝通（obscure communication）

曖昧溝通產生於兩種以上的自我狀態，發出訊息刺激的一方，會隱含或暗示另一種自我狀態，常常使溝通的對方有不同的反應，其目的要誘使另一方表露出隱藏於內心的訊息，或勾引出對方的心意，而不直接作出刺激反應的連結，這種溝通的方式心機重重，易於引發雙方的誤解，而容易產生誤會，例如：

兒：媽媽！我們什麼時候可以出國去玩？

母：可以嗎？

葉肅科（2000）指出，有效的溝通有四個關鍵要素：維持良好的氣氛、做個最佳聽眾、表達真正自我，以及面對實際問題。在親子良好的溝通中，父母宜多扮演傾聽者的角色，才能真正瞭解自己的兒女；平日以半正式、非正式、身教、言教較多，在溝通時宜多採互補式的溝通來營造多贏的局面。在小孩不同的成長階段，不同的時空環境中，宜採正向性、鼓勵性、多親近、多感謝、少批評、少抱怨的溝通情境模式，表達彼此的立場，找出最好的解決問題之道，做好良性有效的溝通，辦好親職教育工作。

【案例探討與價值澄清】

主題：國二生帶妹妹離家冒險，爸媽哭斷腸，赴廟裡下跪還願！

案例：本案例發生於 2011 年。雲林縣的鄒姓小兄妹冒險離家，自助旅行四天被尋獲，有如頑童流浪記的冒險過程，令人充滿好奇。其實他倆是循著三年前全家出遊的路線，一路受貴人相助，第一個伸出援手的熱心人士是遊民，遊民介紹車站哪裡可以睡覺；小兄妹他們感覺最抱歉的，是台北火車站清潔工吳阿姨，她好心買車票送他們回家，卻欺騙了她，最後被墾丁派出所員警發現送回。後來鄒姓夫婦在立委○○○陪同下召開記者會，向社會大眾道謝並致歉：「這幾天網友教了我很多，PO了再 PO，心中感謝不是三言兩語能表達。」鄒姓夫婦在縣議員○○○陪同下，到虎尾持法宮參拜、跪拜，向媽祖還願，表示會好好開導小孩。

價值澄清：

1. 這對夫妻的親子溝通如何？為什麼會發生這件事？

2. 發生全國性的新聞，道歉、跪拜就解決問題了嗎？今後該如何預防？

3. 父母親是因為忙碌或敏感性不足，才造成此種事情發生，今後該如何防範？

第二節　圓融的親子溝通

　　時代變化愈快，親子的溝通愈困難，很多的父母常感嘆：「孩子講不聽」、「現代的孩子，很難教」；或向老師抱怨：「這孩子我已經無法再講了，再講也沒有用」。父母常感覺親子溝通很困難，彼此的隔閡

愈來愈深，意見紛歧，心靈距離也愈拉愈遠，父母有時真心想與孩子好好溝通協調，但卻不知所措，也不知如何談起，親子溝通互動好像愈來愈困難。但子女也抱怨：「我的爸媽真是老頑固，他們不懂我的心」、「天天好像在講故事，沒有人要聽他們講了」、「真討厭！很想離開這個家」，親子間不但無法溝通，甚至怨氣連連，造成兩敗俱傷。家原本該是溫暖的窩，家人挫折時的避風港，究竟何者成為親子溝通互動不良的引爆點？缺少親子圓融溝通互動的知能，就是原因所在。

一、親子溝通互動的類型

（一）權威命令型（authoritarian pattern）

父母與兒女溝通講話時，總會認為子女還年幼無知，本來就應該完全聽從父母的，於是以絕對的權威對兒女講話，在講話溝通時，語氣好像命令式的，子女須完全服從；此種溝通方式，容易造成親子對立關係緊張，且難以解決親子所發生的問題，無法產生心靈的互動。套句俚語：「小孩子有耳沒嘴」，兒女似乎沒有人權似的，在溝通時無形中孩子總是矮了一節。

（二）無為而治型（liberal pattern）

此類型的父母，對子女的溝通採取無為而治，平日很少親子溝通互動，只有子女有所需求或雙方有問題發生時，才會互相知會；但父母也不加以理會與機會教育，父母的言談無法引導兒女正確的價值觀，凡事任由子女處置。此類型的溝通方式，對子女缺少積極正向的引導作用，長久下來子女會認為：「反正父母不會管我們，有沒有向父母講都沒有關係。」父母平時對子女的互動，也習慣性的不加聞問。

（三）討好放任型（spoiling pattern）

2011 年，台灣的總生育率已降至 0.9，由於家庭生活壓力大，痛苦指數高，導致少子化的問題相當嚴重。許多家中只有一位小孩，而該獨生子女負有傳宗接代的任務，故成為家中的寵兒，父母守護兒女如珍珠般，不敢嚴厲管教，甚至於全面性的討好；在溝通互動時，亦均順從兒女的意見，父母凡事只有同意。父母在溝通互動中，對子女的教育，已隱含沒有價值觀取向，兒女慾望愈來愈高、對父母的希望愈來愈不合理、要求愈來愈多，總認為凡事別人都要順著他，這些子女長大後容易情緒化，沒有責任感，更沒有挫折容忍力。

（四）說教嘮叨型（preaching pattern）

說教嘮叨型的父母，在親子溝通互動中，凡事一而再、再而三的說個不停，連雞毛蒜皮的小事，也要嘮叨半天，不停地碎碎念，喜歡翻舊帳，造成說者講不停，聽者心生厭煩，根本聽不進去的現象，這種無效的溝通，幾乎沒有什麼意義，親子沒有交集，對於親子存在的問題也沒有解決。子女對於這種互動方式，會認為代溝太深，互動沒有意義，容易造成親子間的疏離感與反感，好像常常炒冷飯。

（五）責備挑剔型（picky pattern）

此類型的父母或兒女，總認為自己的想法、自己的意見才是對的，有語言權威性，喜愛攻擊別人或否定別人的意見，處處吹毛求疵，心胸狹隘、見識不廣，凡事歸咎他人，因而讓人不敢跟他親近，人際關係差，不能體諒別人，尖酸刻薄，沒有包容心，人緣差，容易和別人起衝突而不合群。

（六）理智開明型（sensible pattern）

此類型的親子溝通互動，採民主開放共同協商、集體決定方式，講究通情達理、理性任事、目標明確，多元學習且相互尊重、互相體恤；在這種理智、開明溝通互動的環境中長大的子女，將來處事較為理性、開朗、自主、積極、自信、有責任感，且較具有民主素養，在社會或機關團體中人緣好，較受他人的歡迎，具有正義感和責任心。

二、圓融的親子溝通互動

俗諺說：「年齡不是差距，代溝不是問題」，由此可知，圓融的溝通是不分年齡、理念的差異，均能取得很好的共識，有共同一致的決定，能拉近彼此間的感情。林進材（1995）認為，代溝不是年齡的差距，而是思想的遠離，只有在愛的環境中，才能孕育孩子健康或成熟的人格，為人父母者需陪同兒女同步成長，與社會的腳步、兒童的心理發展接軌，因而親子溝通的重點，不在於觀念與作法的一致，而是情感與價值理念的相互融通。圓融的親子溝通互動原則（rules of mutual communication）如下。

（一）適性輔導，目標明確

天生我才必有用，每位兒女的天性、特質、專長與發展均不相同，因而為人父母者，要與兒女增加溝通互動的機會，深入瞭解兒女的個性適性輔導。在生活輔導互動中，視子女身心特質、發展階段、發展狀況，結合正確的價值觀，明確可欲的目標，做為兒女處事與人生的方向。

（二）共同成長，親情加溫

父母不可因事業的忙碌，而忽略子女身心發展的需要，父母應多留

點時間陪同兒女一起成長，一起解決兒女面臨的難題，增強兒女的信心，給予鼓勵、給予關懷、給予自信，增加親子互動的機會，為親情加溫，並能掌握子女的發展狀況，給予適性的教育與輔導，成為兒女人生發展方向的明燈。

（三）設計家人共處互動的時間，培養良好的情誼

在工商資訊社會，父母每天忙於事業，兒女忙於各式的補習班與課輔之間，家人相聚機會少，相聚的時間相當有限。為人父母者，要主動安排與子女共處、旅遊、互動的機會，增加兒女視野，瞭解兒女成長過程中的喜好與興趣，教導並培養兒女從事正當的休閒活動，增加家人溝通互動的機會，培養親子和手足情誼，為來日的溝通互動做良好的準備。如圖 4-2 所示，父母安排時間，多與子女做有意義的共同活動，在快樂的活動中，產生親子良好的溝通與互動。

圖 4-2 　全家安排假日活動增進溝通互動

（四）以家庭會議培養解決問題的能力與責任感

　　當家人或家族成員面臨重大問題或抉擇時、在年度結束或家庭聚會時、在階段性任務完成時，可以定期或不定期的召開家庭會議，在會議中使家庭成員發揮民主素養，共同研析、探討、共同決定，培育兒女來日溝通、協調解決問題的能力，並讓兒女明瞭家庭發展的近況、願景，增加子女參與家務與做決定的機會，可以培養兒女的責任心；每個人在家中的表現，都要多給予肯定與鼓勵，以增進兒女對家人相互體恤的情懷。

（五）以愛化礙，用寬容的胸襟化解溝通互動的障礙

　　在父母與子女溝通互動中，難免發生意見不合的障礙或阻力，為人父母者應以長輩自許，要有寬大的胸襟，更大的包容心，體恤兒女的成長期，用愛與諒解溫暖兒女的心胸，化解親子間溝通的衝突與障礙，順勢引導兒女正確的價值觀與人生方向，培養包容他人的胸襟，欣賞他人的優點，包容別人的缺點，則親子間必能相互體恤關懷，親子間的溝通互動自然良好。

（六）精神與物質並重，養成良好的生活知能

　　資訊工商社會父母忙於事業，較沒有太多時間陪同子女成長作息，且當前社會中，有些父母的教育價值觀念偏差，以為只要有錢供給子女花用即可，藉金錢與物質補償自己內心無法陪同子女成長的愧疚；殊不知子女精神上的需要、親情的關懷比物質的滿足更為重要。尤其父母的身教、言教，應從生活中做起，才能養成兒女良好的生活知能。

　　資訊社會重視人際的溝通與互動，若能溝通互動良好，則家庭一團和氣，家人榮辱與共，有生命共同體的概念，家人對家庭的向心力強，子女的偏差行為自然很少，並能防範於未然，幸福健康的家庭自然形成。

因而為人父母者，宜敞開心扉接納子女的不同聲音，傾聽兒女的心聲，搭起親子間雙向溝通的橋梁，剷除親子間的障礙，扮演兒女的第一位優秀導師。

三、親子溝通的致命傷

良好的溝通可建立共識，為親情加溫，增進家人的凝聚力；不良的溝通，會撕裂親情增加怨恨，為人父母者宜特別留意。林進材（1995）在《成長路上親子行》一書中認為，親子溝通的致命傷有：(1)毫不容情；(2)無法原諒；(3)斥責控訴；(4)喜怒無常；(5)嚴厲權威；(6)體罰叫罵；(7)要求過多；(8)耐心不足；(9)命令指揮；(10)嘮叨說教；(11)否定懷疑；(12)批評牢騷；(13)警告威脅；(14)譏諷羞辱；(15)盤問訓誡。以上均為親子溝通的絆腳石，筆者建議在親子溝通時，要有和諧的氣氛、安祥的環境、健全的態度，以做好良性的溝通互動。

四、親子溝通互動應有的態度

（一）靜心傾聽，溫暖接納

傾聽是最好的溝通方式，在傾聽中可聽出子女內心深處真正的心聲，若子女有任何委屈、不滿或一時的錯誤偏差行為，應予接納；子女在訴說的過程中，必然也會自我省思，自知自己言行的因果關係，甚至會發現自己處事的對錯。

（二）民主家庭氣氛，重視身教、言教

為人父母者要共建一個溫暖、民主、開明的家庭氣氛，接受兒女創新或不同的新思維，父母並能身教、言教，以身作則，帶動家人邁向積極樂觀、有理想的人生大道。

（三）親子關係亦師亦友

親子間要有良好的溝通互動，要讓兒女敢與父母接近，破除親子溝通障礙的心防，父母才能聽到兒女內心深處的心聲，真正瞭解兒女，亦師亦友地給予適切的輔導。資訊社會對於知識的創新與進步一日千里，為人父母者應有與時俱進的態度，否則親子間的代溝，必然日日加深，增加溝通互動的困難度。

（四）尊重自主，開發潛能

每一個人均希望獲得他人的尊重，希望擁有生活、思想、獨立自主的空間，並獲得父母的尊重與認同；父母不可以有「小孩是父母的附屬品」的想法，尊重他是一個獨立、自主、有潛能的生命體，用心去瞭解兒女先天潛能的特質，規劃子女良好的發展環境，開發兒女的潛能。

（五）凡事協商，理性共同決定

兒女均希望獲得父母的尊重，為人父母者，凡事多與子女協商，尊重兒女創新、時尚性的不同意見，理性明智的共同做決定，增加兒女參與機會與責任意識，化解親子間的對立與衝突。

第三節　家庭領導理論

一、家庭功能論

葉肅科（2000）指出，家庭功能論（the function of family）著重於社會結構與功能的運作，以創造出一個和諧、合理，以及有充分能力的體系；家庭是為其個別成員所履行的功能。

　　陽琪、陽琬（1995）認為，家庭是社會秩序的根基，也是一種普遍的社會制度，在所有社會裡，家庭履行了許多重要的功能，這些功能包括：(1)性行為管制；(2)成員替換；(3)社會化；(4)照顧與保護；(5)情感支持。林佳蓉、林佳勳（2010）則指出，家庭的功能有：(1)經濟的功能；(2)安全的功能；(3)娛樂的功能；(4)教育的功能；(5)生育的功能；(6)情愛的功能；(7)傳遞文化的功能；(8)安定社會的功能。除了上述的消極性功能外，筆者認為家庭的功能，應更為廣泛而有積極性的功能，例如：兒女的潛能開發、正確價值觀念的培養、生活知能的促進等。

二、家庭領導論

　　翁桓盛（2006）指出，同一種社會文化造就形形色色、各種不同心態的父母，有的家庭妻離子散、分崩離析，家人缺少親情，家庭沒有凝聚力；有的家庭父母不工作，不負起養育教育兒女的責任，甚至逼迫年幼子女去違法牟利，養成兒女販毒、作姦犯科的惡習；有的家庭對生活沒有計畫、沒有目標，一家人像無頭蒼蠅般毫無希望，看不到未來。有效能的父母，能以家庭為重，有計畫的家庭領導，視兒女為社會國家未來的希望與資產，更是家族精神生命的延續，對於兒女深入的瞭解，汲取教養兒女的知能，安排適宜的環境，以教育性的愛輔導每位子女成長，發展兒女長才，鼓勵兒女服務社會、回饋社會，提昇國家的競爭力。這種家庭負有倫理道德觀念，家人互相友愛、熱愛家庭及家中成員，家庭充滿活力，家人充滿希望和競爭力，完成家庭賦與的功能。成功的家庭領導論（the leadership of family）之理念與原則如下。

（一）男女主人建構幸福家庭的願景，目標明確

　　家庭成敗的重要關鍵在於為人父母者，男女主人應有建構幸福家庭的計畫與願景，要有近程、中程、遠程的家庭目標，其目標管理相當明

確且可行性高，以逐步完成家庭各階段性的任務功能。

（二）男女主人展現長者風範與精神的護持

在幸福的家庭中，家中長者會以行動展現出對家庭的整體經營策略，以及對家人的關愛與支持；面對家中發生的事物，會以理性、智慧、積極的面對，並與家人溝通，以做最好的處理，使得家庭成為家人心中最好的依靠與護持。

（三）溝通良好，營造溫馨、和諧、安全的家園

在成功的家庭中，家中成員有倫理道德觀念，家人互動密切，相互關懷、相互切磋、相互勉勵，家庭充滿溫馨氣氛，是一個和諧快樂的家園、安全舒適的環境，子女潛能才能發揮，以完成家庭的消極性功能，並產生積極性的正向效用。

（四）家人心存善良、讚美與感激，營造家庭的活力

家人的生活意念要善良，彼此互相讚美與欣賞家人的優點，推崇他人長處，讓家庭充滿活力與生命力，家人間樂於互相幫忙與關懷，心存感激，使家人樂於把自己表現得更好，扮演好自己在任何職務上的角色，讓家庭更溫馨與更有活力。

（五）適性輔導，開發潛能，服務社會

為人父母者要深入瞭解家中成員的特質與天賦，設計、規劃適宜的子女發展空間，良好發展的環境，讓兒女的潛能能盡情發揮；子女有了特殊專長後，父母亦應鼓勵兒女，要奉獻所學服務社會，達成積極性的家庭功能。

（六）以堅強毅力與凝聚力接受任何挑戰，共度家庭難關

在家庭生活週期中，難免遇到很多無助、無奈與挫折的家庭問題，此時父母若沒有堅強的毅力，將無法接受來自感情、經濟、家族衝突、事業、疾病的嚴苛挑戰，家庭即崩潰解組，形成一盤散沙，而無法度過難關。若家人有堅強的毅力，形塑家人對家庭的凝聚力，家庭就可在困難重重的情況下，安然的度過難關。

綜上而論，家庭有消極性的功能，例如：提供食、衣、住、行、育樂、情感、照顧、成員替換等基本功能外，成功的家庭領導者，宜發揮家庭的積極性功能，除形塑溫馨、和諧、快樂家庭外，還應適性輔導成長中的兒女，開發兒女潛能及正確的價值觀，服務社會、熱愛國家，增強國家的競爭力。

第四節　學習型家庭與幸福家庭的建構

一、學習型家庭的意涵

人類天生具有學習的本能，在人類的發展過程中，嬰幼兒會主動學習坐立、爬行、說話，長大後也好奇的學習新的科技與知能，讓生活更為豐富，滿足好奇心，因而我們應善用人類與生俱來的學習本能。林佳蓉、林佳勳（2010）認為，在學習型家庭（learning family）中，家中的成員透過不斷的共同學習，藉由家人的分享、互動，營造出快樂的學習氣氛，共同創造與應用新知識，進而提昇家庭的生命力；學習型家庭是以家庭為學習的中心，將學習融入家人的生活中，共享學習的成果。

二、幸福家庭的意涵

幸福的感受因人而異，在赤貧環境的子弟，認為只要有屋住、三餐溫飽、父母互愛，就非常的幸福；但富豪人家的子弟，不僅有屋住、三餐飽足，但或許還不滿足，希望出門有名車代步，三餐要山珍海味，走路有名牌包相隨，若手上沒有名錶，與最新流行款式的 3C 產品，他們甚至感覺沒有面子、不風光，而感覺不幸福快樂。因此，幸福家庭的定義因個人特質、家庭、教育、社會、文化等，而有不同的意涵。

一般而言，幸福家庭（happy & lucky family）是一個親密、和諧、溫暖、互愛、互動、關懷、自信而有希望的家庭，家庭中充滿著父父、子子、兄友弟恭、溫和謙讓的氣氛，家人深愛著這個家庭，家庭是家人最溫暖的窩，也是避風港，更是每天生命活力的泉源；就如〈禮運大同篇〉中所描述：「幼有所長，壯有所用，老有所終」，過著溫馨而和樂有希望的日子。

三、學習型家庭孕育幸福家庭

幸福的感受因個人的家庭、文化、教育、社會等，而有不同的解讀與體驗，但如何才會感覺幸福，則是心靈與精神層次上的體悟。心靈上覺得充實與滿足，只要家人和睦、粗茶淡飯，那還是幸福滿滿；若是心靈空虛不安、家人不睦，則眼前大魚大肉、珠光寶氣，也是幸福缺缺，因而身、心、靈的體悟甚為重要。

學習型社會是一個學習型的組織，能持續成長的生命體，社會中的成員具有自我超越，改善心智模式，建立其共同願景，獲得團體的共識，因而社會中的成員能分享心靈的滿足。而學習型家庭是全家人共同參與學習，動態的持續學習過程，且是終身學習，藉由學習成果分享，促進家人相互承諾、相互關心，和諧理性的有效溝通，增進家人情感、相互

支持,培育家人積極的生活態度,建立幸福美滿的家庭願景,共同體悟幸福美滿所帶給家人身心靈的滿足,由學習型家庭來孕育出成功、快樂、幸福的家庭。

第五節 行為改變技術與行為治療

我們常發現年齡相近的小孩,有的很懂事、守規矩、有禮節,生活行為、生活習慣非常好;但也有的小孩,很粗野、不懂事、房間內務一團亂,生活行為及生活習慣非常的差,幾乎天壤之別;相同的年齡,為什麼會有這樣絕然不同的表現呢?

在日常生活中,無論從培養兒童生活知能、良好行為、生活常規,或矯治兒女不良的生活習慣、建立為人父母者正確的教養子女觀念,均與行為改變技術有關,因此父母、教師、監護人均需對行為改變技術與行為治療有深入的瞭解,才能導引出小孩有良善的行為與生活常規,培養為人父母者正確的教養兒童方法,培養優質的新生代。

一、行為改變技術與行為治療的意義

許天威(1985)認為,引導個體朝著某一個方向產生某種行為,其有效途徑應該是,探索個體在環境中如何學習、環境如何安排,才能引發個體產生預期的行為,此稱為行為改變技術(behavior modification technique)。而行為改變技術所運用的行為原理,就是在研究環境與個體的外顯行為之間的關係。邱書璇等人(2010)指出,行為改變技術是應用實驗心理學,特別是學習理論或稱為行為原理的理論與技術,針對外顯的、可觀察的行為,予以有效的影響及改變的一種方法,此種方法可運用在各種解決個人與社會問題的情境上,以增進人員適應的功能。

行為治療(behavior therapy)是依據制約學習,以及實驗心理學之原

理，從原先只針對異常行為及心理失常的矯治，進展到系統且科學地處理人類的客觀行為，以減輕人類的不適應，而增強其功能的一種方法。

綜上而論，行為治療是針對異常行為或失常行為的心理矯治，以減輕人類的不適應行為，培養良好的行為功能；而行為改變技術，則是應用心理學的原理及技術，以有效培養良好的行為，或良好的生活習慣，並去除或減弱不良的行為。

二、行為改變技術的理論基礎

（一）古典制約理論

古典制約理論（Classical Conditioning Theory）乃是巴夫洛夫（Ivan Petrovich Pavlov, 1849-1936）及華特森（John Broadus Watson, 1878-1958）的實驗所共同建立的。

巴夫洛夫以狗為實驗對象，將一隻狗關於狗籠中，並以導管測出狗受到刺激後，流唾液反射的情形。他使節拍器發聲，讓狗聽之、聞之而略顯不安，但此時狗並未分泌唾液；接著再將飼料食物餵食狗兒，而狗自然流出唾液，如此反覆多次，節拍器發聲後再餵食狗飼料。久而久之，以後只要狗一聽聞節拍器發聲，就自然有大量的唾液分泌，最後用節拍器發聲，即可制約狗兒分泌唾液，如圖 4-3 所示。制約反射可以引起反射作用的模式，此說明行為是可以經由學習而得的。

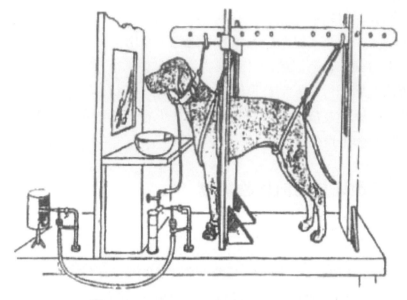

圖4-3　流涎反射制約學習實驗情境

資料來源：許天威（1985：28）

（二）操作制約理論

操作制約理論（Operant Conditioning Theory）是由史金納（Burrhus Frederic Skinner, 1904-1990）的實驗所建立的。他製作了一個老鼠籠，在老鼠籠內裝一支槓桿，槓桿的一端吊以食物，下方有水管和食槽，再將肌餓的老鼠放入籠內。老鼠在很肌餓的情況下，會心慌亂跳而做出很多不同的動作，若老鼠壓到槓桿，食物即落入水槽中，老鼠就有豐盛的食物可吃；老鼠因壓桿而能獲得食物的滿足，且屢次壓桿均能獲得滿意的回應，最後老鼠只要想吃食物，即可藉由壓桿而得，如圖 4-4 所示。此說明了刺激與反應之間的連結作用，終能建立新的連結關係，稱為操作制約學習，由此實驗及理論得知，良好的行為可藉由學習而來。

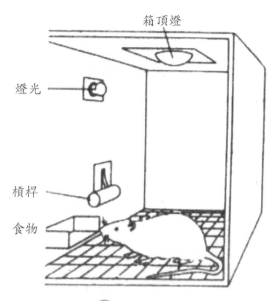

圖 4-4　史金納箱

資料來源：許天威（1985：40）

（三）社會學習理論

　　制約學習理論採用刺激與反應的連結，與增強效果的概念，而社會學習理論（Social Learning Theory）則強調，個體的認知主宰著個體的行為反應，主張兒童經由觀察認知和模仿意識來學習社會行為，但也會創造環境。

　　社會學習理論的創始者是班都拉（Albert Bandura, 1925-　），他認為個體的認知歷程、認知概念，可以主宰個體的行為反應。邱書璇等人（2010）及陳榮華（1995）曾分析社會學習論的三個特有特質，茲分析如下：

1. 環境對個體某一行為的獲得和調整作用，大部分取決於其認知歷程；換言之，個體的行為反應，取決於個體的認知歷程。
2. 個體的反應，不全然受制於內部力量或外界刺激，而是行為、環境和認知三者的交互作用而成。

3. 個體是行為的主宰者，具有主導行為改變的潛在能力。

第六節　行為改變技術的應用

一、增強原理

在刺激與反應之連結有正向作用者，稱為增強（reinforcement）或增強作用，換言之，有助於刺激後產生反應者即為增強作用；而有助於產生連結作用的物質，即有助於產生反應者，則稱為增強物。增強作用有二種，可分為正增強（positive reinforcement）與負增強（negative reinforcement），茲分述如下。

（一）正增強

若某一刺激能產生反應，該反應能滿足個體的需求，或能使個體帶來愉悅的感覺，即稱為正增強，而該刺激物即稱為正增強物（positive reinforcer）。換句話說，當個體接受某種刺激或在某種情境下，做出某種行為反應，而該反應合乎當事者心意，若該刺激或情境再度產生，則引發該行為反應的機率會升高，合乎行為改變技術的原理。而增強物不限於有形的物質，凡是能滿足個體心理、生理、內在、外在的需求，或有助於解決個體困境的需求，均視為增強物，例如：學校師長常給學生口頭稱讚，則學生日後表現會更合乎教師期望；或家中兒女有好的表現時，父母給予口頭、肢體語言、符號等無形，或獎品、獎金、物質等有形的鼓勵，均視為正增強。

（二）負增強

當個體表現出某種行為反應後，即將負增強物移去或消除，可以引發個體表現出該行為的比率增加，即為負增強（negative reinforcement）作用；而使個體所渴望避免的，或不想要的刺激，即為負增強物（negative reinforcer）或是厭惡刺激。負增強是透過負增強物的出現，來強化某種受歡迎的行為，例如：在班級學生考試時，因學生不用功、考得不好，教師則提出規定做為負增強物，凡是考不好，或考不到標準的學生，在假日或午休時就要被要求到校，接受特別的輔導。於是學生因怕被剝奪假日或午休時間，被迫到校輔導，開始特別認真用功念書，其成績就自然會進步，如此便是負增強作用；而假日或午休時間，被要求到校接受特別輔導的行為即是負增強物。

（三）懲罰

懲罰（punishment）是當個體有不良行為出現時，為遏止該不良行為的產生，施予受懲罰者所不喜歡的刺激，其目的在減少孩子不好或不適當的行為，例如：訓誡或打罵等。懲罰可抑制不良行為的再度出現，但卻未能培養良好行為的產生，因而懲罰與負增強不同；懲罰要在不當行為發生後即予實施，且父母、師長要保持一貫態度，並於要實施懲罰制度前，應先公布規條及其應受懲罰的程度，懲罰要在理性、冷靜的情境下為之。

（四）立即增強與延宕增強

當個體表現受歡迎的行為時，即給予增強物，使個體增加良好行為表現的機率，即為立即增強（immediate reinforcement）；當個體表現出良好行為時，增強物拖拖拉拉，或隔了一段時間再給予增強，即為延宕增強（delayed reinforcement）。

例如：父母在兒女有良好的行為出現時，立即給予正增強物，如此增強行為是為立即增強；若是良好的行為出現很久，才給予增強物，即為延宕增強。在心理學及實務上，立即增強的效果，較延宕增強為好，因而當學生有良好的行為表現時，父母或師長即應給予增強。

（五）增強原理的使用原則

1. 強化增強的行為目標應明確

要培養兒女受歡迎的行為，或要強化兒女良好的行為，目標應相當明確，使兒女或學生有一明顯的方向、明確的目標，而且目標行為（target behavior）愈具體明確，其增強效果愈好。

2. 立即增強效果優於延宕增強

當兒女或學生有達成預期的良好行為出現時，即應給予增強物，並立即增強，不要拖了一段時間才給予增強，延宕增強的效果，就沒有那麼好，何況增強作用對當事人，是一種很好的鼓舞作用。

3. 增強行為要與成就標準配合

兒女良好的行為應給予鼓勵，但給予增強的程度不可一概相同，應按每個人個別的能力、成就標準、成就程度的不同，而給予不同等級的增強物，例如：能力好的學生考 90 分，和能力中等的學生考 90 分，均給予同樣的增強物，則增強效果不同，對學生也不甚公平。

4. 增強物的給予應因人而異，符合個人需求

因人而異的增強物之使用非常重要，有的增強物對某些人在某個階段有特殊的功能、興趣與喜好，因而在給予增強物時，除時間的選擇外，增強物要給予前的選擇亦非常重要，例如：對嬰幼兒的增強作用，玩具有其需要，但對成人來說，玩具就沒有興趣，甚至於會被別人覺得好像垃圾、浪費；在同年齡中的興趣、喜好，也有個別差異，或甚至於某人

有特別的偏好，因而在選擇增強物時，要非常用心考慮，才能達到很好
的效果。

5. 增強次數亦應因人、因地而制宜，增強物也應多元而變化

為了建立某一良好的行為，宜在良好行為的表現初期，就給予增強，
但該行為經過一段時間或次數後，即應改為間歇增強。良好行為建立前，
應適度減少增強次數，當增強作用時也應考慮時、地、物，以及個人不
同的特質，而採取合適的增強次數，增強物的種類也應多元而有變化，
符合需求者心理。

6. 增強作用應在公開場所為之較為有效

每當個人或團體表現出良好行為時，即應給予鼓勵，而增強行為宜
在公共場所為之，可增加個人或團體的自信心、榮譽感，產生增強作用
的附加價值，導引其他人的行為表現，引發替身效應，達到預定的行為
目標，亦可將團體的行為導向更為良好的目標表現，更可強化該種良好
的行為規範。

二、身教、言教、境教的重要

教師或父母的角色，在面對自己學生或兒女時，言教、身教都甚為
重要，在教育學有句名言：「言教不如身教，身教不如境教」，因為境
教的教育效用是每天二十四小時，提供耳濡目染受教學習的機會；而身
教只要老師或父母現身，其風範均可隨時成為兒女、學生的示範、刺激
或模仿的對象；而言教只有在耳提面命、諄諄教誨，且言之合理、言之
有物時，才能發揮作用，故父母、師長宜掌握子女、學生任何學習的機
會。

（一）境教

　　境教（environmentalism）是環境的導引作用，個體與環境交互作用的結果，屬於行為學派，許天威（1985）指出，行為的報應關係是安排適宜的環境，來達成行為改變的目的；也可以說，境教是用環境的力量，來發揮預期的教育效果。為人父母者，宜選擇良好的社區環境，孟母三遷就是最好的典範；在台灣知名的學府或明星學校的附近社區，房價始終居高不下，也與優雅的境教有關，有了良好的社區，還要布置適宜兒女身心成長的環境，各級學校也應重視校園的綠美化工作，讓子女或學生在快樂、安全、優雅、教育性的環境中學習長大。良好的境教提供全天候的教育環境機會，學生在耳濡目染中，身、心、靈均具陶冶的教化作用。

（二）身教

　　父母或教師以身作則，是教育子弟最良好的方法，身教（example）屬於心理動力學派，父母或教師本身以身作則，或以身為例，成為學習楷模，是促進兒童行為改變的一種很有效方法。許天威（1985）認為，行為改變技術的用法是示範（modeling），若就兒童的相對行為表現而言，就是模仿（imitation）學習，就教育學而言，亦是觀察學習或代替學習（vicarious learning），即是示範而使對方產生學習現象；因而父母或教師，若能時時以身作則，陪著兒女一起看書、一起做功課、一起成長，自然是兒女、學生的一部活教材、活的典範；加上教法多元、自然、生動活潑又實惠，便能留給兒女最好的記憶與最豐富的精神財富。

（三）言教（precept）

　　言教是言之有物、言之合理、以理服人，屬於認知學習學派，因而父母不可憑藉著身體壯、年紀大、輩份高，欲以權威式教訓兒女，教師

更應以理服人、諄諄教誨；使兒女、學生感受父母、教師教學的學理，理智開明的立論，人格的精神感召，欣然接受其教誨，使行為發自內心的改變，並於生活中表現出質變，在學習中長大。因而為人父母或教師，應時時充實自己，更應接受新的資訊，接觸新奇的事物與科技，拉近師生或親子之間的思想認知差距，以「活到老、學到老、教到老」的終身學習精神教育兒女。

【案例探討與價值澄清】

主題：科技天才、世界偉人──賈伯斯

案例：世界級的科技偉人，一代的傳奇人物賈伯斯，好比今日的牛頓。賈伯斯生於 1955 年美國舊金山，雙親不詳，死於 2011 年，出生時即被一對小康家庭的美國夫妻──保羅以及克拉克收養，養母學齡前教他閱讀，賈伯斯認為自己「非常幸運」，養父在賈伯斯五歲時，就帶他到家裡的車庫去，一起拆解或組裝東西，賈伯斯說：「我父親會把那些小工具給我，並且向我展示工具的用途等，對我而言真是非常實用。他總是花很多時間陪我，教我組裝模型，再拆掉組裝一遍。」養父母甚至為了賈伯斯還搬到 Mountain View 去定居，而那裡就是今日的「矽谷」中心。賈伯斯說：「那裡到處都是工程師，能夠在那裡長大，是世界上最美妙的一件事。」矽谷工程師的環境，造就了世界偉人、科技天才賈伯斯。

價值澄清：

1. 身教、言教、境教的重要性為何？

2. 天才兒童該如何發現與培育？

3. 您認為台灣的教育，如何培養第二個賈伯斯？

4. 賈伯斯對人類社會的貢獻為何？

三、行為的塑造與減弱

（一）行為的塑造（shaping）

　　許天威（1985）認為，在教導訓練兒童時，就要選擇其可能接近之目標行為中的某一特定反應，予以增強，接著還可進一步的增強另一個更接近的近程目標行為反應。邱書璇等人（2010）指出，塑造就是把達成目標行為的歷程，加以細分成漸進的若干階段，再運用增強原理逐步訓練以達目的，以養成行為目標。像嬰兒走路學習，可先教導幼兒學習站立，等待幼兒會站立，平穩後再學習跨步，並一步一步向前跨，直至學會自然平順的自行走路行為為止；其他如馬戲團或海洋世界的動物，或海豚的表演，均是運用塑造原理而來。

（二）行為的減弱（extinction）

　　不受歡迎的行為或不良的習慣已經養成，會因增強的消弱遞減，而使該行為出現機率銳減，也可能已經是制約的行為，會因增強的減弱，而使該行為減少出現或不再出現，此稱為減弱，例如：哭鬧的嬰兒，為引起父母的注意與同情，博取父母的關心、注意、抱抱，而以哭鬧、耍脾氣、惡搞的方式，若以消弱原理，則該嬰幼兒久而久之即會放棄這種不理性的方式；教師在上課時，有些頑皮、好動、功課差的學生，會作出各種怪異動作，其目的在引起老師的注意與關愛，此時教師若採用消弱原理，久而久之該學生就不再表現那種不受歡迎或令人討厭的行為或動作。

（三）行為塑造與減弱的原則

1. 確定要塑造與減弱的行為或動作

　　教師或父母平日宜對自己的學生或子女做深入的瞭解，知悉某個人有哪些該消弱去除的行為，或某個人有哪些該學習培養的良好行為，以作為個體努力學習的目標；教師或父母宜按減弱或塑造的原理養成。

2. 行為改變技術應考量個體的能力與負荷

　　個體分別的能力，為人父母或教師應深入的瞭解，若是個體能力無法負擔，或是屬於非常精密科技的能力，是個體當前能力所無法達成或負荷時，則師長應站在學習者的立場，深思熟慮，確定可以達成再實施；若實施上有困難，或學習起來有難度，則應考量配合個體生理、心理、社會性能力的發展情況而定。

3. 起點行為與目標行為應相當明確

　　師長、父母宜深入瞭解每位幼兒或學生的起點行為，明瞭先天具備的資質，再分析其能力，確立明確的目標行為，使學生或兒女明白其所追尋的方向與目標，以作為努力的目標。

4. 行為塑造應按部就班、循序漸進

　　行為的塑造是細分行為目標，為更具體的較細小目標，使小目標易於達成，增強學習者的信心，並按部就班、循序漸進，不可躁進或想一蹴可幾，反而易於「吃緊弄破碗」，而功虧一簣、弄巧成拙。

四、代幣與代幣制度

（一）代幣（token）

　　代幣的使用需符合幼兒心理學原理，在幼兒階段給予金錢、黃金或貴重的文具用品，對幼兒心理的感受，反而沒有如貼紙、圖案、點卷、

積分卷來得實用；因而為人父母或幼教教師，常以此類有美麗圖案，又有鼓勵性質的點卷、貼紙來鼓勵兒女或學生，效果會更好。而這些點卷、圖案、貼紙、積分卷就叫代幣，它們可以累積到某一定程度或張數，向父母、教師換取更大、更喜歡的獎品、漂亮又喜愛的玩具，或實質增強物，例如：玩偶、洋娃娃、遙控車等。

（二）代幣制度（token system）

以代幣為增強物來鼓勵兒女、學生，以培養良好的行為表現，而發揮行為改變技術的功能，實行此一制度稱為代幣制度。代幣制度在實施之前，要事先與兒女、學生約定實施的細則與辦法，即兌換獎品的標準與守則，往往代幣或獎品，均是兒女、學生們的最愛，教師也可針對學生的特質，自行設計或從電腦網頁圖檔中，引用時尚性的圖案，幼兒們會更為喜愛，例如：海綿寶寶、Kitty 貓等，以強化增強作用的效果，他們會對增強物更為珍惜，而愈加努力表現更好，代幣制度實為針對嬰幼兒、小學生或國中生的一種良好增強作用的辦法。

（三）代幣制度實施的原則

1. 事先公告約定代幣制度的使用要點

代幣如何使用、獎勵及使用的標準，行為表現程度的評估，與代幣的給付等值或對等，均須事先約定或公告。

2. 代幣兌換獎品或實施增強物的辦法

代幣的點值累積到某種程度，為擴大增強效果，可將兌換的獎品種類，或代幣實施的有效期限，均應事先有明確的實施辦法。

3. 兒女、學生一旦表現合乎增強行為，即應立即增強

良好的行為一旦出現，達到預期目標應立即增強，可明示兒女、學

生明確的目標行為，導引兒女、學生的方向，以培養良好的行為表現。

4. 代幣的實施要有實質增強物為配套

教師、父母可調查兒女、幼兒最喜歡的實質增強物有哪些，或從媒體、時尚界觀察，當前最受歡迎的幼兒玩具或玩物，以配合代幣制度的實施，增強代幣的效用。

5. 獎勵或增強良好行為表現，最好於公開場合為之

獎勵增強若在公開場合實施，除了獲得實質增強物外，可給予當事者精神上更大的附加價值與鼓勵，並可對尚未得獎的人有良好的示範，以及良好行為目標的指示作用。

【親職格言集】

父母以更大的耐心與包容，協助孩子度過成長的依賴期；

父母以更堅強的毅力與決心，永續經營溫暖有希望的家園。

【問題與討論】

1. 溝通的意涵為何？您在家中如何做有效的溝通？
2. 圓融有效的親子溝通有哪些原則？
3. 家庭領導理論如何運用在您未來經營的家庭？
4. 學習型家庭與幸福家庭有何關係？
5. 行為改變技術與行為治療有何差異？
6. 學習了行為改變技術後，您將如何改變家人的不良習慣，以養成生活的好習慣？

Chapter 5

兒女的發展與潛能開發

第一節 人類發展學的理論

教育界有一句名言:「理論是實務的指南針,實務是理論的試金石。」如果教育實務沒有堅強的理論作為基礎,很快就會曇花一現而消失無蹤;而如果教育理論無法落實於現場實務,那麼就如同紙上談兵,沒有實質助益,是為空談。

一、人類發展的共同模式

在人類發展(the development of humanity)的過程中,有一定的順序,張媚等人(2003)在人類發展學的概念中,指出人類的發展可分為十個時期,包括:胎兒期、新生兒期、嬰兒期、幼兒期、兒童早期、兒童中期、青少年期、青年期、中年期,以及老年期。就人類發展的趨勢來看,有一共同的發展模式,此模式是循序漸進的,所以可加以預測,但也因個人特質、遺傳與環境的關係,而有個別差異。

在人類發展的輔導方面,在不同的發展階段,有不同的發展需求,

也有不同的發展任務，因而應適時、適當、適性的給予輔導和協助，使人人均能在生理、心理、社會、人格、道德等各方面健康穩定的發展；假若錯過人生發展階段的適時、適當、適性輔導，可能造成終身遺憾，因為畢竟沒有再版的人生。

二、人類發展的發展理論

從不同的論點切入人類的發展，可以知道人類發展的範疇多元且寬廣，例如：生理、心理、社會、道德、人格、人際關係等，也因而衍生出很多的發展理論；但每一種理論，均對兒童的發展貢獻良多，為人父母或教師宜深入瞭解。

（一）佛洛依德的人格結構與性心理發展論

佛洛依德（Sigmund Freud, 1856-1939）將人格的結構，分為本我（Id）、自我（Ego）與超我（Supergo）。本我是指與生俱來本能的我；自我是以自己為中心，凡事先考慮自己的得與失，區分為自己和他人；超我則是人格發展的最高層次，以理想來自我勉勵與要求，追尋人生的理想與願望。佛洛依德將性心理發展分為口腔期、肛門期、性器期、潛伏期，以及兩性期等五個階段。

（二）艾瑞克森的心理社會發展論

艾瑞克森（Erik Erikson, 1902-1994）將人類由搖籃到墳墓整個歷程的心理社會發展，分成八個階段，每一階段均潛藏危機與轉機，某一階段的結果會影響下一階段危機的基礎。八個階段的發展任務分別為：

(1)信任感對不信任感　　；　　(2)自主性對懷疑；

(3)進取性對罪惡感　　；　　(4)勤奮對自卑；

(5)認同感對不認同感　　；　　(6)親密感對孤立感；

(7)生產對停滯　　　　　；　　(8)統合對絕望。

（三）皮亞傑的認知發展論

皮亞傑運用感官感覺的原理，透過組織與適應的資訊，來建構自己的認知理論，他將人類認知發展分為四期，每一階段均與年齡有關，且有不同階段的認知功能與任務：

1. 感覺動作期（出生～二歲）：靠著動作與感覺去認識外界的世界。
2. 運思前期（二～七歲）：運用語言、文字、符號從事認知思考。
3. 具體操作期（七～十一歲）：以具體的事例或實物的操作，做邏輯性的推理。
4. 形式運思期（十一歲以上）：運用抽象性、概念性、邏輯性的邏輯去推理。

第二節　兒童發展學的理論

兒童身心受成熟與環境交互作用的影響，隨著年齡而產生各種行為的變化，許多早期的經驗，更奠定日後發展的關鍵期；大多數的人類發展學家均認為，隨著年齡的增加，環境對兒童的影響力愈來愈大。

一、認知發展論（Cognitive Development Theory）

在認知發展論中，皮亞傑認為，個體經由同化與適應的過程，來主動建構知識，他將人類的認知發展分為四期，分別為感覺動作期、運思前期、具體運思期、形式運思期。他認為適合的教育方式與學習經驗，應建立在既有的認知基模上，要對個別差異具有敏感度，且因材施教，教保人員要提供豐富的教材與情境，以滿足幼兒的求知慾，如表 5-1 所示。

表5-1　皮亞傑認知發展階段之特質、發展特徵與輔導重點

階段	發展特質	發展特徵	教育輔導重點
感覺動作期（出生～二歲）	以感官認知周圍的環境	1.由無目的的反應到主動有意義的反應。 2.視覺、聽覺、雙手的協調合作。 3.注意自己的身體，認識自己與外界是分開的。 4.藉由身體向外探索並操作物體，以認識外界事物。 5.模仿並運用新方法。 6.於一歲左右建立「物體恆存」的概念。	1.掌握嬰幼兒學習物體恆存概念的機會，例如：躲貓貓遊戲。 2.協助幼兒分辨優先與禁止的行動。
運思前期（二～七歲）	運用語言、文字、圖形等符號從事思考	1.只瞭解具體化的事物。 2.思考觀點以自我為中心。 3.憑直覺推理，不合乎邏輯與現實。 4.觀察事物的注意焦點極為侷限。 5.缺乏「可逆性」的推理能力。 6.缺乏「保留」的物體恆存概念。	1.提供可讓幼兒活動的物質環境。 2.利用圖畫、圖表輔助閱讀，藉以激發兒童興趣。 3.重視語言教學的功能。 4.質的認知先於量。 5.利用合作、互相尊重等態度，發展幼兒面面俱到的能力
具體運思期（七～十一歲）	以具體經驗或具體物做邏輯思考	1.脫離自我中心概念而轉向社會中心。 2.具有「可逆性」的思考能力。 3.具有充分的「保留」概念。 4.具有序列及分類的能力。 5.瞭解水平線的道理。	1.重視實物教學，從而經由「探索—發明—發現」的過程中，攝取數理知識。 2.利用實驗，觀察增進小學兒童的數學運算活動。
形式運思期（十一歲以上）	能運用概念、抽象的邏輯去推理	1.思考能力具有顯性，且充分有效。 2.能想像來自情境的各種情況，不再侷限以具體事物為思考對象。 3.具有假設、演繹、歸納的推理能力。	1.培養青少年運用「假設—演繹」推理策略解決問題。 2.倡導科學實驗活動，並鼓勵青少年思考。 3.適時讓學生發現思考的不適當性。

資料來源：邱書璇等人（2010：172）；黃志成、王淑芬（1995）

二、心理動力論（Psychodynamic Theory）

武藍蕙（2004）指出，佛洛依德的精神分析論，將人類人格的發展分為五個階段：

1. 口腔期（零～一歲半）：嬰兒的主要快樂源，來自吸吮與餵哺的活動。
2. 肛門期（一歲半～三歲）：幼兒藉著排泄、排便來獲得感官的滿足。
3. 性器期（三～六歲）：兒童首先對異性的雙親產生依戀，然後對同性的雙親產生依戀。
4. 潛伏期（六～十二歲）：兒童對性的衝動產生壓抑，轉而有社會化的傾向。
5. 兩性期（十二歲以上）：青少年開始表現出對異性的需求，將性的慾望轉化為社會所認可的方式。

為人父母或幼教老師，宜留意處於口腔期、肛門期和性器期的小朋友，有時小孩會有強烈口吮、吮吸，或撫摸生殖器的現象，只要不是很嚴重，都是可以接受的，就不必覺得很奇怪。

三、心理社會論（Psychosocial Theory）

人類的發展是多元且同時成長的，在生理發展中有助於心理社會的發展，以適應社會現實的需要。艾瑞克森將心理社會發展，分為八個階段：(1)嬰兒期；(2)幼兒期；(3)學齡前期；(4)學齡期；(5)青少年期；(6)成年早期；(7)成年期；(8)老年期。

四、社會認知論（Social Cognitism）

　　幼兒教育學者維高斯基（Lev Semenovich Vygotsky, 1896-1934）認為，社會文化會對兒童認知產生影響，也會對兒童發展高層次認知產生影響作用。他認為每一位兒童均有潛在發展區，該區是介於自己能獨立完成的能力，與成人或更有能力的同儕共同協助之下，而能完成工作的這一段距離。他主張兒童可採合作式的學習，以提昇兒童的能力，而為人父母或教保人員，宜提供更多的引導與協助，以提昇兒童的認知層次；安排合作式的學習，也可讓能力較強者教導能力較弱者，例如：目前國中小實施多年的小老師制度。

五、人文心理學論（Humanistic Psychology）

　　人文心理學主張，人具有主宰自己生命的能力。馬斯洛（Abraham Harold Maslow, 1908-1970）即認為，人類的需求有其先後的順序，第一優先是生理的需求，在生理需要獲得滿足後，人們才有能力去追求更高層次的安全需求；當安全感獲得滿足後，才會追求愛與歸屬感的滿足，再來追求自尊與成就感的滿足；而需求層次最高，也是人類精神的最高享受，即為自我實現的需求。

　　綜合而言，為人父母或教師應明瞭人類需求層次的滿足，照顧幼兒的飲食、睡眠與健康，此乃是最基本的需求，也是最為重要的需求；進而滿足子女安全感、給予孩子教育性、充分的愛和歸屬，尊重孩子為獨立的個體，擁有適度發揮的空間，以發揮自我潛能，追求自我實現。如圖 5-1 所示。

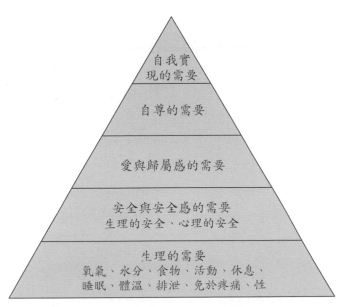

自我實
現的需要

自尊的需要

愛與歸屬感的需要

安全與安全感的需要
生理的安全、心理的安全

生理的需要
氧氣、水分、食物、活動、休息、
睡眠、體溫、排泄、免於疼痛、性

圖5-1　馬斯洛的人類基本需求層次論

資料來源：蘇麗智等人（2006；8）

第三節　兒童教育學的理論

一、福祿貝爾的兒童花園理論

　　福祿貝爾（Friedrich Froebel）是全世界第一所幼兒園的創始人，被稱為幼兒園之父。他於 1826 年出版《兒童教育哲學》一書，書中他將教師比喻為園丁，幼兒比喻為花草，而學校就像花園，三者同樣重要，幼兒園就是兒童的快樂花園。福祿貝爾特別強調，幼兒園絕對無法代替家庭的功能，幼兒園只是家庭的一種教育輔助機構而已，它無法取代家庭的教育地位與功能。福祿貝爾的基本理念是教師應以兒童為本位，教師所設計的教材最具價值性，堅持人性本善，在兒童花園裡，從遊戲中快樂的學習，從做中快樂的學習，對於日後的幼兒教學影響深遠。

二、蒙特梭利的蒙特梭利教學法

蒙特梭利（Maria Montessori）針對兒童的心理發展，設計了獨特的兒童教育理念與方法，她所設計的教具，對幼兒園的教學實務影響非常重大，直至目前為止，世界上很多國家的幼兒學校，均採行蒙特梭利教具操作的課程安排，希望兒童透過蒙氏教具操作的過程，啟發兒童的心智。蒙氏教學法強調，教師要為孩子準備一個完善的教育性環境，以孩子為主體、教師為媒介、環境為工具，而環境、教師、教具為蒙氏教學法中必備的要素。

蒙特梭利的教學理念強調：(1)教師應尊重兒童的獨立性和秩序感；(2)教學要能靈活與活動；(3)教師要具有教學敏感性。蒙氏教具的優點：(1)在操作教具中，從錯誤修正而學習；(2)從具體到抽象；(3)教具為兒童設計，符合人體工學；(4)教具具有個別性，適合每個孩子獨立操作。

三、皮亞傑的學習理論

皮亞傑長年關懷教育，從自己家庭開始做起，他長年觀察記錄自己兒女的身心發展，從而提出學習理論。他認為，當孩子遭遇無法預期的形式與現實時，對其會產生建設性的效果，激起兒童的好奇心，而開始做實驗；當事情轉變成超乎兒童期待時，兒童自然會去找尋新的解決方法，並產生思索作用。

皮亞傑注重教學的目的與教材教法，他特別主張：

1. 教學的目的是教導學生有用的知識，具創造性和革新性的思考。
2. 教學的教材內容是多層次的，例如：記憶、思考、推理、領域等要寬廣。
3. 教學法要最有效的教學法，教學包含教學的設備、情境、肢體動作，使學習易於學習。

綜上而論，目前幼兒學校的兒童教學原理，很多採行福祿貝爾的兒童花園理論，把學校推向快樂學習的園地；在教學法上，蒙特梭利主張充實的教具，教具是活動性的組合，讓學生自行操作，從做中學，教師宜布置良好的學習環境，完善的教具設備，供學生自行操作；在教學目標上，皮亞傑主張教學要教導學生有用的知識，透過課程、教材、內容，用最有效的教學法，達到教學的目的。

第四節　兒童的發展與潛能開發

科技進步帶來社會快速變遷，由於國民所得提高，提高了國民生活水平，相對的對教育的要求更高。國內因少子化效應的影響，很多家長捨得花很多的金錢，投資在小孩了的身上，因而潛能開發倍受重視；市面上的潛能開發班或相關機構，應運而生、蓬勃發展，甚至出現了所謂「潛能開發機」，但其成效如何，尚待評估。但許多家長以為，那是兒女成長發展的萬靈丹，故對台灣的教育生態教育市場，已造成莫大的衝擊，也影響了台灣的教育環境。

人的大腦分為左、右半球，左腦主司語言，用語言來處理訊息，將五官所感應到的訊息，看到、聞到、聽到、觸到、嚐到的資訊，轉換成語言，以從事知識判斷、理解、思考、推理等；右腦可處理大量的資訊，從事快速、有效的處理，大量的記憶與快速演算的機能，以發揮創造力、想像力與企劃的能力。

兒童想像力、創造力的培養，須配合教育學、生理學、心理學、人類發展學的原理，適時、適性、適當的以教育的學理，引發兒童全腦的開發，期望孕育出優質、有競爭力的新生代。

一、自然主義

　　自然主義（Naturalism）崇尚自然生存的原則，盧梭的自然主義深深影響後來的教育思想與理論。盧梭主張以兒童為中心，在其名著《愛彌兒》（*Emile*）中指出，兒童有他自己的一套觀察、思考和感覺，成人若要將自己的觀點加諸在孩子身上，是再愚蠢不過的事。可見自然主義者強調，幼兒的教育應符合孩子本身的發展需要，重視其生理需求，以自然界的東西為小孩的玩具，給小孩自由的空間，其知識來自大自然，應鼓勵幼兒善用感官與體驗，在自然的教育情境中學習成長。

二、實用主義

　　實用主義（Pragmatism）強調，教育應重視實用知識，以解決生活中的問題，知識必須與生活相結合，不可孤立於社會；透過兒童的活動與實驗，從做中學得到知識與技能，教育要培養子女的思考能力、創新能力，而非背誦。最有名的實用主義教育家杜威（John Dewey, 1859-1952）更強調，父母或教師應教導兒女生活實用的內容，以解決日常生活的問題。

三、多元智能理論

　　多元智能理論（Multiple Intelligence Theory）教育家迦納（Howard Earl Gardner, 1943-　）主張，人的智能是多元的，包含：語文智能、邏輯、數學智能、空間智能、音樂智能、肢體運動智能、內省智能與人際智能。迦納認為，每個人在這八種能力的潛能和實際表現都不同，人的智能是多元而複雜的，兒童有很多種潛能，為人父母或教師宜提供更寬闊的思想空間，鼓勵子女勇於表現，開發他們的潛能，而不可壓抑或以

填充式的教學，抹煞了每位兒童與生俱來的多元潛在能力。教師宜建立兒童的個人檔案，採多元化的評量，鼓勵研發與創作（Gardner, 1984）。

四、智能結構模式論

美國心理學者基爾福（Joy Paul Guilford, 1897-1987）提出智能結構模式論（the form of intelligence structure），他把人的智力表現分為運作、內容、結果三個向度，而運作再分為認知、記憶、聚斂性思考、擴散性思考和評量；內容向度分為圖形的、符號的、語意的，和行為的；結果的向度，包括單位、類別、關係、系統、轉換和應用，使得智力的定義呈現多樣化，如圖 5-2 所示（Guilford, 1967）。

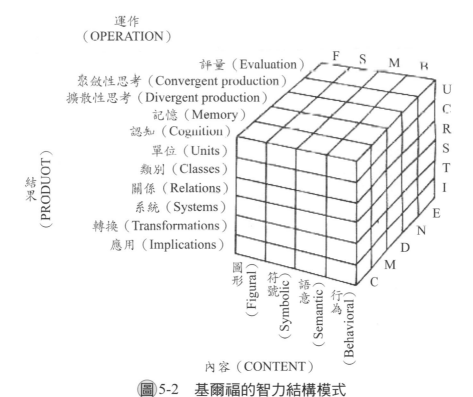

圖 5-2　基爾福的智力結構模式

資料來源：許天威、徐享良、張勝成（2000：302）

綜上而論，兒童的發展與心理、生理、社會、道德、人類發展有關，其目的均在培育具創造力、創新力、想像力、企劃力的新生代，並透過兒童教育學的原理，例如：自然主義、實用主義、多元智能理論、智能結構模式等，來開發兒童潛在本身獨特與生俱來的天賦。

【案例探討與價值澄清】

主題：十大傑出青年，獨臂系主任「逆境造就一生」

案例：本案例在 2011 年於國立成功大學發生。獨臂教授法律系系主任許育典，因自小家貧讀不起書，家人原本想小學畢業後，送他去當學徒。六歲時一場意外，他被火車輾斷左手，身體傷殘終結學徒之路，也意外的改變了他的一生，三十八歲當上了系主任。許育典說：「我想鼓勵年輕人的是，逆境不一定是逆境，有可能是人生的轉機。」獲選為今年十大傑出青年的許育典（四十歲），是成功大學法律系歷年來最年輕的系主任。許育典回憶，因為家貧，父母得四處打零工，哪裡有工作就搬家到哪裡，哥哥國小畢業就到工地去挑磚，姊姊因家貧也無法升學，別人看他的人生充滿磨難，他卻認為苦難造就了他，「沒有逆境就沒有今天的我」。其妻子是好友介紹的，她注意到小她四歲的許育典不因殘疾喪志，反而有遠見抱負，主動幫他打字寫論文，一年後解開父母心結，說服父母嫁給他。

價值澄清：

1. 您認為人類的智慧包含有哪些？如何去發現身邊的天才人物？

2. 當您身處逆境時，是放棄、怨天尤人或自殘？還是相信人生另有出路？

3. 獨臂系主任許育典、殘障畫家楊恩典的故事，對草莓族的年輕人有何啟示？

第五節　兒童的教育與揠苗助長

　　台灣傳統儒家思想的中華文化，早期士大夫的觀念深植國人內心，「萬般皆下品，唯有讀書高」，在重視文憑主義的社會中，使家長們重視孩子的文憑學歷，並長期持著一個嚴重的錯誤觀念，認為「學歷等於學力」；這種錯誤的概念，目前仍瀰漫在台灣社會中，所以不管家中有錢沒錢，不管孩子是良才或蠢才，是否有能力去讀大學，對大學科系是否有興趣，或者明知大學畢業就是失業，仍硬要辦理助學貸款，要求子女去接受大學教育。在幼兒時期，便開始為自己兒女安排一系列的各式補習班，把活潑可愛的國家幼苗，弄得每天挫折重重、垂頭喪氣而不自知，如此即扼殺了孩子們的創造思考、企劃的本能，還以為一切都是為了孩子們能有好的將來，希望他們能成龍成鳳，結果卻是弄巧成拙，也花掉了平日辛苦賺來的大把鈔票。

一、兒童需要全方位的全人教育

　　人類發展學的學者認為，人類從出生到死亡，經歷不同的十個人生階段路程，而每一個階段，均有其發展的任務與希望。實用主義學者認為，學校的教學目的須符合學生的全方位需求，包含專業、品德、身心健全的現代人；而人文主義的學者認為，人類追求精神層次的自尊與自我實現的需求，要有良好的道德與品德。在郭爾堡（Lawrence Kohlberg, 1927-1987）的道德判斷論中，強調道德成規後期的普遍道德原則導向，希望教育出有內涵、有專業、有品德、有品味的國民，因而教育的本質應是全方位的全人教育（holistic education）。全人教育包括：身體、心理、社會、認知、專業知能、道德、品格等，身心健全、手腦並用、智能雙全、道德品格、創新發展，具有競爭力與世界接軌，符合國家需求

的人才，而非只注重智育，卻沒品德、品味失衡的人。

二、摧殘國家幼苗的揠苗助長式教育

　　台灣的家長普遍有一個錯誤的教育觀念——「不要讓孩子輸在起跑點」，而讓孩子一出生，就必須接觸各種開發課程、感覺統合課程，接著再大一點，是珠心算、畫畫班、音樂班、皮亞傑數學、國語日報作文班、英文正音班、速讀班等。使得很多家長每天下班，還要匆忙接送小孩參加各式補習班，不但把正常的教育生態搞砸，弄得家長們相互比較，就怕自己的孩子補得比別人少；也不但把平日辛苦賺的錢白白花掉，還因不懂教育原理，不符合兒童心理學發展，不適合小孩的學習能力與興趣，而把原本天真活潑可愛的小孩，壓抑的成為每天垂頭喪氣、沒有信心、屢遭挫折失敗的小兵。小小年紀如果又得戴上厚厚的眼鏡，加上身材又瘦又小，沒有創意、沒有活潑的朝氣，有時候小孩壓力過大，反抗心的心理作祟，偏差的行為便會一一出現，終致望子成龍、望女成鳳的美夢破碎。結果不因輸在起跑點，卻跌在人生的中點，又慘敗在人生的終點，這種揠苗助長式的教育，嚴重破壞了教育的學理與教育生態，更摧殘了無數的國家幼苗。

　　近年來，台灣社會科技發達、資訊進步，國民所得提高，家長們對孩子教育的投資更為大方，加上少子化的影響，為人父母者對兒童的教育更為重視，又因社會普遍存在文憑主義的觀念，小孩自出生起就因父母的揠苗助長式的心態，著實難以培育出有創意、創新、規劃能力、有品德觀念的未來諾貝爾人才，殊屬可惜；真正國家需要的人才是全方位、全人教育的，有專業、肯創新、有品德，具有國際觀與視野，很有競爭力的身心健全好國民。

【親職格言集】

　　過去不讀書，現在已經輸；現在不讀書，將來還會輸。

　　讀書讀得好，工作就好找；工作找得好，生活會更好。

【問題與討論】

1. 人類的發展有哪些階段？各階段的任務為何？

2. 皮亞傑的認知發展論，如何運用在兒童的教育上？

3. 蒙特梭利教學法，對現今的兒童教育理念影響如何？您如何應用在幼兒教育的職場上？

4. 在台灣的教育市場上，有很多的潛能開發補習班，就您的認知上，符不符合教育理念？

5. 台灣的升學補習班林立，您認為有揠苗助長式的教育嗎？其優缺點為何？

Chapter **6**

兒女的發展與輔導

第一節　發展與輔導的重要性

一、影響人類成長與發展的因素

　　人類從父母的受精卵著床的那一刻開始，至長大成人，其各方面的表現均受到很多因素的共同影響，其主要影響因素可分為兩大類：一是生物遺傳因素，另一是外在環境因素。

1. 生物遺傳因素：遺傳因素受制於父母的受精卵，而從精卵結合的那一刻，其染色體的基因就決定個人的發展潛能；尤其生理方面的發展，受遺傳因素的影響較大，高個子的父母生下來的小孩，應該不致於太矮，就是這個原因。

2. 外在環境因素：環境因素是外在的，例如：營養、教育、文化、照顧等，會影響兒女的認知、生理、心理、社會、文化、道德的發展。

　　為人父母者應瞭解影響兒女成長與發展的因素，才能做出最好的因應，孕育出最優質的新生代。

二、人類發展輔導的重要性

（一）錯過一時，耽誤一生

在人類發展的過程中，個體同時有認知、心理、生理、社會及品德的發展。一般而言，大約在二十歲左右，身心發展才完全成熟，而在兒童及青少年階段，是人類一生發展中最重要的時期，例如：人類的神經系統，在六歲時就已發展接近成人之值的 90%，錯過了這重要發展的黃金時期，將耽誤兒童一生的發展。

（二）發展模式可預測，應掌握契機

一般而言，人類的認知、生理、心理、社會及道德的發展，均遵循可預知的模式與方向，為人父母者必須深入瞭解發展的模式與順序，在兒女認知、生理、心理、社會、道德各方面的發展，做全方位的考量。成長中各階段發展的重要任務與需求宜詳加瞭解，掌握發展的關鍵期，適時的給予協助與輔導。

（三）個別差異，適性輔導

人類的發展雖然有其一定的順序與模式，但會因個人的遺傳、環境、特質、營養、教育等，而有個別差異，為人父母者應深入瞭解自己的兒女具有哪方面的特質，例如：體育、美術、數理、才藝等，而能因勢利導、順性開發，發展兒女的潛能。

（四）發展階段任務不同，對症下藥、事半功倍

兒童和青少年的發展，是個體發展最快、變化最大、可塑性最高的時期，也是人類發展中很重要的關鍵期。在兒童和青少年的發展中，各

階段均有不同的發展重點，以及特別需要父母留意的事項，例如：神經系統包含腦、脊髓和感覺神經系統，在兒童六歲以前的發育最快，而且接近成熟，此時父母就必須給予大量的高蛋白質必需胺基酸（essential amino acid），尤其魚類、奶類、肉類的供應，錯過了這個黃金階段，其發展自然受到影響。而人類的生殖系統，約在十二至十三歲才快速發展，直至二十歲才能發育完成，為人父母者宜特別留意第二性徵的出現。

（五）新生兒、嬰幼兒階段危險機會多，青少年階段變化很快

　　一個人從出生那一刻起，到出生後的二十八天，是新生兒期（neonate），尤其新生兒在子宮外的最初二十四小時，是一個人一生當中生命最脆弱的時刻；而嬰幼兒因自立自主的能力低，危險警覺能力不足，事事均需仰賴父母，時時需要父母細心的照顧，否則很容易發生生命的危險。而青少年階段是個體一生中，身心最為快速發展與改變最大的階段，不論在認知、生理、心理、社會、情緒、性成熟等方面，均有明顯的變化，尤其這個時期的生理改變最快，而心理的成長、情緒的控制，其成長速度趕不上，形成身心難以協調，外加青春期荷爾蒙的衝擊，情緒不易控制，因而產生反叛期，又稱為狂風暴雨期（stormy period）。

第二節　胎兒、新生兒、嬰幼兒期的發展與輔導

一、胎兒期的發展與輔導

　　人類的生命從母親子宮內的受精卵開始，胎兒（fetus period）便在母

體內受到最好的保護與照顧，很多因素如內在因素、遺傳的染色體，以及外在因素（例如：環境刺激、營養、菸毒等），均會影響胎兒的成長與發育。

胎兒在母體內，藉著胎盤與母體的血液循環，而得到來自母體的養分，使胎兒得以正常成長發育，其中胎兒與母體的血液循環是各自獨立的系統。張媚等人（2003）指出，在兩個系統之間有一個薄膜，使得胎兒與母親血液中的物質得以交換，形成有選擇性的通過，這選擇性的過程叫做胎盤的障蔽（placental barrier）；在循環系統中，血液的循環作用可使得母體與胎兒交換營養、氣體和廢物，胎兒就在母體內良好的環境中漸漸長大，直到第四十週發育接近完成，而長成大約三千二百公克重的可愛小嬰兒。

好的基礎是日後發展的潛能，所以在母體內的環境，或母親的生活環境，均會影響胎兒的發育與成長，約略分為兩大類，分述如下：

1. 內在因素：父親的精子、母親卵子的品質、染色體的基因等。
2. 外在因素：母體的營養、母體的健康、母親使用的藥物、母親的生活習慣、母親的情緒、母親懷孕的年齡、菸、酒、毒、母親生活的周邊環境等。

綜上而論，二大類的內在因素和外在因素，各因子均會影響胎兒的成長發育，因而為人父母者在計畫生育兒女前，就要有深刻的體認，並做好心理上的健全準備，期望能生出一位身心健康、活潑有活力的新生兒。

二、新生兒期的發展與輔導

一個人從出生那一刻起到出生後的二十八天，稱為新生兒期（neonate period），而新生兒在離開母體外的最初二十四小時，是一個人一生中最脆弱及最危急的時刻。因新生兒自母體良好的環境，在很短的時間內，改變成要獨立自主的行使生命功能，小生命必須去適應子宮外的生

活，這種內外環境與生命功能的重大改變，對新生兒及父母來說，均是很大的刺激與挑戰。

（一）生理方面的發展與輔導

新生兒在一個月內，生理上會有很大的變化，例如：黃疸、呼吸系統、循環系統、暫時性凝血缺陷、身高、體重等現象；在反射方面，因新生兒的神經系統尚未成熟，視覺、聽覺、味覺、觸覺等尚未能發揮良好功能，若環境有突然變異，即形成反射現象，而有很多的反射行為出現；在營養方面，因母乳才是新生兒離開母體的最佳營養食品，也是最珍貴、最優良、最完全的嬰兒食品，初為人母最好自行哺乳，而且要常抱抱自己兒女，讓新生兒能有安心、穩定的情緒。

（二）心理方面的發展與輔導

新生兒來到陌生的世界，小生命也會很努力的去接觸外在環境，但因神經系統尚未發育完全，心理上的作用造成新生兒會有反射動作的產生，因而對新生兒的關懷留意與細心照顧最為重要；尤其親子緊密關係的建立，要愈早愈好，因而為人父母者，要常與新生兒接觸，利用各種方式溝通互動，讓新生兒能平安、舒適、喜悅的接觸新的世界，而備感安心。

三、嬰兒期的發展與輔導

新生兒從出生第二十八天至一歲期間，是為嬰兒期（infancy period），此時期是人類發展中最敏感的時期，也是智力、人格發展的關鍵期，在此期間嬰兒的生理、心理、智力及社會性發展方面，皆有十分明顯的進展。

（一）生理方面的發展與輔導

嬰兒在生理方面，身體的比例變化、頭顱骨縫的鈣化閉合、腦及神經系統快速發育、乳牙的產生，以及消化系統和泌尿系統的進展、身體動作的協調與走路的學習、感覺系統（例如：視覺、聽覺、味覺、觸覺、知覺）的快速發育，均需父母用心留意與細心照顧，並提供多元、充足、優質的食品與營養。

（二）心理方面的發展與輔導

嬰兒的認知發展極為重要，此時期已進入感覺動作期，嬰兒透過身體的感覺系統，去認知周圍身邊的事物，增進認知與瞭解，建立自己的認知歷程與認知系統。此時期接觸的主要對象是父母，嬰兒會很想講話，以表達內心的感受，但囿於嬰兒的知能相當有限，因而父母要多與嬰兒互動，陪同嬰兒玩遊戲或說故事；為了增加與嬰兒的互動機會，可以提供安全的玩具或音樂，甚至陪嬰兒玩遊戲，而遊戲是嬰兒熟悉環境的重要方法，它可增進其對事物的認識，並能發揮想像力、創造力，以獲得心理上的安慰及滿足。

四、幼兒期的發展與輔導

在人類發展學中的定義，當嬰兒學會走路踏出第一步至三歲期間，即稱為幼兒期（babyhood period）；在此期間幼兒學會走路，所以又叫做學步期。在心理發展方面，此時期的幼兒喜歡問「為什麼」，所以又稱為好問期，此時期的幼兒學習發音講話，是語言學習的學語期。

（一）生理方面的發展與輔導

幼兒在外觀發展上有很大的變化，例如：頭的比例稍微變小，四肢

生長速率較軀幹快，二十顆乳齒發育完成，身高年增約十公分，體重年增約二點五公斤；在神經系統方面，幼兒的腦部發展快速，腦的重量已達成人的 75%；肌肉骨骼發展旺盛，也叫做骨化期，且骨骼中有很多的膠質；而其他生理系統，例如：內分泌系統、免疫系統、呼吸系統、消化系統、循環系統等方面，均快速發育。為人父母者需給予幼兒充足的營養，尤其是蛋白質、鈣質、礦物質、維生素等，最重要的是，要提供幼兒安全健康的環境，因學步期的幼兒喜歡跑、跳、蹦，以獲得新奇感和成就感，因而要特別留意安全的生活空間。

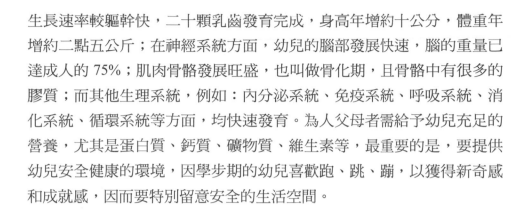

（二）心理方面的發展與輔導

　　幼兒期的智力與動作的發展是成正相關的。在皮亞傑的認知發展論中，幼兒期已進入運思前期，能對符號、肢體、語言產生認知反應；在佛洛依德的性心理發展中，幼兒期已由口腔期進入肛門期，幼兒會從排泄中獲得心理上的滿足；在社會發展方面，艾瑞克森認為，此期的發展任務為自主性對羞恥與懷疑概念的建立；在道德方面，幼兒已進入他律階段的道德成規前期（preconventional level），也是避罰服從導向的階段；為人父母者宜多與兒女玩遊戲、說故事，以引導、促進兒女的認知發展。此階段的幼兒正學習用語言表達情緒反應，增進人際關係的發展，因此語言學習的發音甚為重要，父母宜留意幼兒正音的學習與發展，因語言的發展，可帶動幼兒的認知、人格、道德、社會性、心理性的發展與建立。

第三節　兒童期的發展與輔導

　　兒童期（childhood period）可分為兒童早期（三至六歲）和兒童中期（六至十二歲），該期是人的一生中最沒有壓力的快樂童年時光，也

是個體長大年老後最值得回味的快樂童年時期，其發展目標與任務的達成，是為進入青少年期的基礎，該期是個體發展最快、變化最大、可塑性最高的階段。兒童期的發展，在台灣社會，大概就是從幼兒園到國民小學五、六年級階段，為人父母者需特別用心照顧，隨時留意兒童的身心健全發展。

一、兒童期的生理發展與輔導

（一）兒童期的生理發展

1. 外觀

兒童期的外觀變化最為明顯，由嬰幼兒期的圓桶狀模樣，外腹外凸、頭大、腳短，只要相隔十年，嬰幼兒可能搖身一變而成為小大人；除了稚氣以外，身高接近成人，變為苗條、腹部平坦，女孩子可能變為乳房、胸部外凸、腿長，漸漸轉變為成人的體型。

2. 身高、體重

身高與體重的發展是生理發育的指標，從新生兒開始身高均會平穩的成長，但在嬰幼兒及青春期這二個時期，身高的發展最為迅速，尤其在兒童中期要邁入青少年的青春期，身高年平均成長約六至七公分；在體重方面，幼兒期年增重二公斤、兒童期約四至五公斤之間，在青春期則又快速增加，直到發育成熟，如圖 6-1 所示。

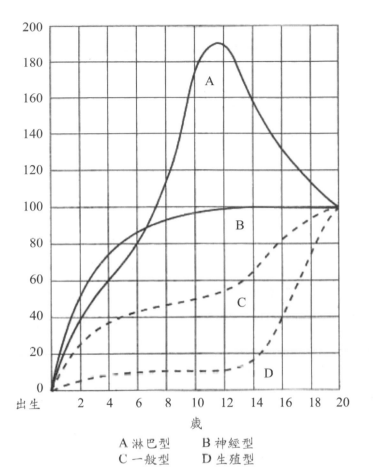

A 淋巴型　　　B 神經型
C 一般型　　　D 生殖型

圖6-1　出生至二十歲的發展曲線

資料來源：邱書璇等人（2010：168）

3. 身體各系統

　　人類生理各系統發育成熟的速率不一，如圖 6-1 所示，其中神經系統方面包含腦部、脊髓和神經，其中腦部的發育較為快速，在六歲就已經達到成人的 90%，而腦的發育和語言、記憶、思考等有關，並主宰著身體的言行與動作。生殖系統是人體中發育最慢的系統，男性的睪丸、陰莖，女性的子宮、卵巢等生殖系統，在幼兒期、兒童早期幾乎發育很

慢，直到童年末期或進入青春期才快速發育，到二十歲才發育完成。

4. 動作與其他系統

　　人類的其他系統，例如：呼吸系統、消化系統、內分泌系統、骨骼、肌肉、運動系統等，在嬰幼兒期均持續發育，到青春期快速成長，直到二十歲才發育完成。在運動方面，兒童早期大肌肉運動的粗大運動發展較快，兒童能追、跑、跳、蹦，或騎腳踏車，但小肌肉的精細動作協調方面，須到兒童中期才會快速發展，例如：畫畫、書法、寫字等。

（二）兒童期生理發展的輔導

1. 適時適量多元的充足營養

　　兒童期是生理快速成長的階段，尤其是腦部、神經系統的發育，在六歲就接近成人值，因而要配合兒童年齡增長，以及消化、循環、內分泌系統的發育成長，給予適時、適量、多元的充足營養，尤其含必需胺基酸的蛋白質、維生素、礦物質等，並要有充足的睡眠，以促進兒童的發育成長。

2. 寬廣、平坦、安全的活動空間

　　兒童早期因剛學會走路、跑步，所以一定喜歡跑來跑去，一來滿足內心的成就感，二來滿足探索的好奇心，因此若稍不留意，兒童容易迷失或摔倒，應帶領小朋友到學校、公園、農村、海邊、山林，或寬闊的青青草原，讓他們在野外盡情的奔放，放遠視野舒展身心，促進全身健康的成長發育。

3. 安全、多變化、多樣性的玩具

　　兒童期的小朋友，其腦部、神經、語言等系統皆快速發育，看到新奇、怪異的東西，喜歡用腦、喜歡發問、喜歡動手、喜歡把玩，因而提供多樣化、操作性、安全性的玩具，能促進腦神經及運動、神經系統的

協調反應及生理的發展。

4. 正確、清楚、安全的動作示範與解說

　　兒童認知的快速成長，促使小朋友對新奇事物、新奇動作非常喜歡學習，因而為人父母者要先正確、清楚、安全性的示範與解說，事先做好危險因素的控管，讓兒童學習操作發問，而學得正確的動作技巧與姿勢，例如：騎腳踏車、游泳、遙控車等。

5. 充足的睡眠與運動

　　兒童期是腦、神經及骨骼肌肉系統發育的關鍵期，要帶領小朋友在安全的環境中快樂、活潑的運動，並給予充足的睡眠，生活作息要正常，切忌染上不良的惡習，例如：長時間打電動遊戲、看漫畫、看電視、打電腦等，而要有充足的休息時間，以恢復生理的機能。

二、兒童期的認知發展與輔導

（一）兒童期的認知發展

　　兒童期和青春期是人生中記憶、思考、智力增長，最為有效進展的階段，透過動作技巧、記憶、思考、推理遊戲及問題解決的學習方式，對兒童智力的增進幫助很大；兒童在道德判斷、人際互動、人格發展、價值理念上，能有明顯的進步，更透過團體生活、團體規約，而發展成熟的社會行為，融入社會生活中。

　　皮亞傑曾針對兒童的認知發展做深入的研究，他將個人的認知發展歷程，分為感覺動作期、運思前期、具體運思期、形式運思期等四個時期，各階段的主要認知思考轉變及教育輔導的重點，請參見等五章的表5-1所示（本書第 80 頁）。

（二）認知發展與智力、智商、學習成就的關係

　　兒童認知發展經由感覺動作期（零至二歲）開始，用感官探索認知周圍環境，其腦海中的智能發展就漸漸開始增進；到了運思前期（二至七歲），會經由語言、文字、圖案、符號等的學習，開始從事較為記憶性的思考學習。在具體運思期（七至十一歲）時，則以具體事務的操作、可逆性的轉換能力，而在腦海中保留各種印象，從事邏輯性的思考；最後到了形式運思期（十一至十五歲），則能運用抽象性的思考、概念性的發展、邏輯性的推理，而有較深入的演繹歸納能力。

　　在個體認知發展的四個不同階段中，其經由各期的學習任務、學習探索的歷程，無形中認知、智力、智商均在增長，增強了個體學習事務、記憶思考、環境適應及應變的能力，因而認知發展成為兒童在學業成績、學習成果表現上的助力。在教育專家的觀點上，認為智力、智商、學習成績與學習成果是息息相關的，彼此相互助益、相互作用；換句話說，智商、智力好，有助於學習成果的表現，而學業成績好、學習能力強，則又可幫助智力、智商的發展。

（三）兒童期認知發展的輔導

1. 兒童的認知發展常模，宜循序漸進

　　兒童心智能力的發展是個體學習經驗的推進，有其一定的常模與順序，發展過程中可促進潛能的開發，也有其固定的歷程，若是躁進越級或操之過急、揠苗助長，反而會增加子女的挫折機會，而不利於兒童心智的成長與學習。

2. 兒童認知發展有常模，但也有個別差異

　　俗話說：「天生我材必有用」、「一枝草、一點露」；換句話說，每一個人各有其特質、專長、天賦能力與個別差異。教育心理學家基爾福（Joy Paul Guilford）認為，人類的智力結構是多向度、多元的，專長

的認定是多方面的。雖然兒童的認知發展有常模，但也有個別差異性，為人父母者要多與兒童以及兒童的師長接觸，明瞭每一位兒童認知發展的進程，及其特長與缺點，以提供良好的適性、適當、適時學習機會，切忌一視同仁。

3. 配合認知發展，提供學習機會

個體的認知發展歷程有其階段性，每一階段有其學習任務、學習特性，以及學習需求的配合情境；師長或為人父母者，應配合兒童發展的進程，提供適時、適性、適當的學習機會。

4. 安排多元性、挑戰性、刺激性的活動，促進認知發展

教師或為人父母者，需配合兒童認知發展的階段，安排具有多元性、挑戰性、刺激性，以及安全性的活動，以增進兒童的視野，增廣見聞來擴大學習空間，並促進兒童的認知發展。師長或父母宜利用假期，安排適當的活動，例如：野餐、露營、踏青、划船、參訪名勝古蹟等，使孩子在趣味中學習，以習得解決問題的能力。

5. 增加兒童刺激性的學習機會，切勿越俎代庖

為了讓兒童能在操作、思考、解決問題中學習，凡事盡量讓兒童在安全的環境中操作學習，自行體會領悟、頓悟學習，以及自行組織的能力。「給他一條魚，不如教他如何使用釣竿」，培養兒童自行解決問題的能力，讓兒童在做中學，切忌越俎代庖，例如：家長喜歡幫兒童做作業，或請安親班教師代勞，這些所謂「幫忙」的行為，都是違背教育理念的。

6. 適時增強、強化認知學習的成果

在兒童認知發展歷程中，會經歷無數次的學習，故必有很多次的成功與失敗。教育孩子在失敗的經驗中學得毅力，在成功的學習環境中長大，如此一來，孩子會更有信心，且成功的經驗可激化學習的熱忱，在不停的成功學習機會中，可強化認知學習的成果。

三、兒童期的道德、人格發展與輔導

黃德祥（1994）認為，道德是指人的習性與品行，以及所應遵守的規範或準則；筆者認為，一個國家國民的道德、人格好，則國人自愛而有競爭力，民強則國富。

人類個體道德的發展理論很多，例如：佛洛伊德的精神分析論、班都拉的社會學習理論、皮亞傑的認知發展論，以及郭爾堡的道德判斷論。以下分別說明道德的認知發展論、社會學習理論，以及道德判斷論。

（一）道德發展的理論（The Theory of Moral Development）

1. 道德發展的認知發展論

皮亞傑認為，個體的道德發展可分為三個階段：

(1)無律階段：新生兒出生至二歲階段，是屬於無律階段（individual-ism），嬰兒天真無邪，只要肚子餓、尿片濕、身體不舒服，就會自然哭叫，而無視於規約與法律的約束。

(2)他律階段：嬰幼兒成長到三至十歲時，是屬於他律階段（hetero-nymous morality）。黃德祥（1994）指出，他律階段的特徵是順從他人所加諸於其身上的規範，他律道德的發展具道德實在主義（moral realism）與道德強制（morality of constraint）的性質。在此階段的兒童受制於外在規約或他人的牽制，養成服從的習性，若違反了規約將受到懲罰，也因個體怕受到懲罰，而養成他律的服從行為。

(3)自律階段：自律（autonomous）是道德發展的最高層次，也是一種合作的道德（morality of cooperation）。兒童約在十歲以後，其身心漸漸成熟，認知發展增加了心智功能，人生閱歷愈來愈豐富，也漸漸瞭解人際間互動的道理。由於「有理走遍天下，無理

寸步難行」，兒童在接受師長、父母的教誨之際，其內心的世界知識日漸豐富，意志力漸增、思想愈成熟，因而養成有所為、有所不為的自律習性，自己也會知所進退，會考慮行為的前因後果，而再採取自主的行動，如表 6-1 所示。

表6-1　皮亞傑的道德發展理論

他律道德	自律道德
1.以強制的關係為基礎，例如：兒童完全地接受命令。 2.主觀道德實在主義的態度：規範被視為是沒有彈性的要求、受制於外在的權威、不能公開協商、「善」就是對成人與規範的服從。 3.惡的判斷是以客體及行動的結果為依據，同意成人的決定就是公平，嚴厲的懲罰被認為合理。 4.懲罰被認為是違規者自討的結果，正義不是天賦的。	1.自主的個體間，以合作及均等的受成人的認知為基礎。 2.呈現服從理性的道德態度：規範被視為是相互同意的結果、能公開協商、以個人的接納和共識為合法的基礎，亦就是能以合作的相互尊重的方式符合要求。 3.惡的判斷是以行動者的意圖為依據，均等的被對待或考慮個人的需要就是公平，適當的對違規者懲罰才是合理。 4.懲罰被認為會受人的意向所影響。

資料來源：黃德祥（1994：366）；Slavin（1991：45）

2. 道德發展的社會學習理論

　　教育家班都拉的社會學習理論，認為道德是經由學習而來，其強調，兒童的道德發展是從模仿或認同師長、父母或親友的行為而來；在模仿的歷程中，藉由增強作用和示範作用，而將人格、文化、禮俗、規範內化而成，漸漸的，個體就能表現出符合人類，或不同地域文化的社會生活行為，而將道德生活化、社會化。

　　黃德祥（1994）認為，社會學習理論的道德發展有三個重點：(1)抗拒誘惑；(2)賞罰控制；(3)楷模學習與替身效應。兒童自從感覺動作期過後，漸漸的模仿學習；在學習模仿的過程中，受到避罰服從的制約，以及賞罰控制的影響，再從重要他人的楷模學習，在兒童的內心世界產生

共鳴與認同學習；加上在社會生活中又見到替身效應（vicarious effects）
的影響，更強化了個體對於事理的對錯或是非判斷，在道德發展的歷程
中，表現了日漸成熟的行為。

3. 道德發展的判斷理論

　　著名的美國哈佛大學教授郭爾堡發表的道德判斷論，將道德發展分
為三個時期、六個階段，認為道德的發展即生長、階段與重組的概念，
注重道德的推理與判斷，分述如下。

(1)道德成規前期

　　兒童約從一至五歲間，其道德發展對於一個行為的好壞或是非判斷，
採行二個標準，即是行為的後果，是否對兒童的身體，或心理產生快樂
的結果。道德成規前期又可分為二個階段：

① 避罰服從導向（第一階段）：此階段的兒童行為發展，考慮的重
　點在於行為的後果，是否快樂與是否受到賞罰，而服從權威，以
　賞罰和權威來判斷行為的價值。

② 相對功利主義導向（第二階段）：此階段的兒童道德發展以能否
　滿足自己，或他人的需求為判斷原則。道德行為的發展講求公
　平、互惠與平等的共享觀念，有相對功利主義的傾向。

(2)道德成規期

　　兒童約在五至十二歲間，在此時期的道德發展，為達成個人、家庭、
社會，或國家的期望為依歸，使個人行為符合個人發展、社會秩序和國
家的法律，忠誠地效忠於個人所處的團體。此時期也分為二個階段：

① 好男好女導向（第三階段）：該階段的兒童，注重人際關係的和
　諧，以好男孩、好女孩為導向，而期望能為社會所認同，兒童認
　為善良的行為就是取悅他人、幫助他人，而能服從於團體中大多
　數人的行為標準，為大家所接受或歡迎。

② 法律秩序導向（第四階段）：此階段的兒童認為，行為應該符合

　　固定的規則，以維持社會良好的秩序為導向，正當的行為是履行
　　個人的義務，尊重法律權威，維持善良的社會風俗習慣與秩序。

(3)道德成規後期

　　青少年約在十三歲以後，道德發展即進入成規後期，該時期的青少
年已經朝向自律的道德發展原則，凡事會以理智、成熟的思維為考量；
行為的判斷標準，在自己的內心有一定的準則。此期分為二個階段：

　　① 社會規約導向（第五階段）：此階段的青少年，已經有明確的道
　　　德思維模式，行為的發生以守法為優先，並以個人權利及被社會
　　　考驗約束為依歸，個人的價值與社會規約，和國家的法律相符，
　　　認為法律之外，自由協議與契約是約束的義務。

　　② 普遍道德原則導向（第六階段）：此階段的道德發展已臻成熟時
　　　期，個體因認知、內涵、修養、品德的養成，而有隨心所欲、不
　　　逾矩的傾向，以正義、尊重、向上提昇為個人努力標準，內心充
　　　滿善良意志的道德涵養。

（二）兒童期道德、人格發展的輔導

1. 道德、人格的發展宜循序漸進，重視價值澄清

　　人類道德的發展有其順序，在道德認知發展理論中，從無律、他律
到自律；在道德判斷理論中，由成規前期、成規期而到成規後期。在道
德的發展輔導上，宜配合其發展順序，才能事半功倍；而道德、人格的
發展注重心智的成熟，來制約行為的表現，所以應從改變心智思維開始，
而心智思維的進步，可由價值澄清法來增進道德的認知。

2. 身教、言教、境教配合，適時增強，促進道德發展

　　班都拉的社會學習理論認為，道德可經由學習而來，由父母、師長
或重要人士的生活言行表現來學習，讓青少年和兒童由心智思維產生認

同,而起模仿效應,也可由替身效應產生心智的改變,進而引發個體道德、品德、人格的發展,尤其在道德行為表現良好時,應予增強作用,促進道德人格層次的向上提昇。

3. 物質、精神的增強,宜因人、因事、因時而異

幼兒、兒童早期、兒童中期,以物質增強為主,增強物宜多樣化、多變化、刺激化、個別化,讓受獎者喜愛它,而產生強化效果。少年期、青少年期隨著歲月增長,而心智漸趨成熟,此時增強作用以精神為主、物質為輔,以相輔相成。

4. 道德的發展應從家庭、社會、學校教育全方位配合

兒童期和青少年期幾乎每天生活在家庭、學校及社會中,因而道德教育要顧及三方面,且需面面俱到。在家庭中,父母以身作則、賞罰分明,培養良好的人生態度為生活習性;在學校中,校園內的道德教學生活化、環境布置人性化,教師的心靈啟發由外制而內化,給予價值澄清教學,讓良好的道德品格學習成果,能自然流露在日常生活中;在社會方面,政府宜推行善良風俗,提倡健康有品味的美德生活,剷除社會亂象歪風,讓國人提昇自己的品德層次,進而達到生活品德化、品德生活化的境界。

第四節 青少年期的發展與輔導

青少年期(adolescence)約在十多歲至二十歲間,相當於我國國中或高中教育階段,是個體一生中身心發展最快速與改變最大的階段之一;不論在生理、認知、情緒、智力、社會性、性成熟、道德等方面,均有了新的成長(黃德祥,1994)。青少年期是一個人一生中,身心改變最大的一個時期,在教育學上又稱為狂風暴雨期(stormy period),若飆向

正向，則前途光明，若飆向負向，則可能成為問題青少年，因而也是人生重要的關鍵期或轉型期（transitional period）。因為青少年期是人生的關鍵期之一，影響一個人一生的成敗甚鉅，青少年時期若發展良好，可能成為未來美好前途的基石；若沒有發展良好，則可能日後要花費更大的心力，才能改進過去的缺失。青少年期是個體一生中學習、記憶、思考、創意、社會性發展，最好最有效的時期，因此為人父母者、師長更應深入瞭解兒女、學生在青少年期的成長需求，並給予最好的教導。

案例探討與價值澄清

主題：林來瘋──轟動全世界的哈佛豪小子，籃球 NBA 的震撼

案例：本案例發生在 2012 年 2 月。彰化縣北斗鎮民林繼明、吳信信夫婦，在 1970 年代移居美國加州，次子林書豪畢業於哈佛大學經濟系，原本可以進入美國華爾街金融中心坐領高薪，但卻去挑戰亞洲人難以生存的 NBA 球賽，歷經很多次的失敗、冷落與屈辱，在父母一路相陪下，終於打出震撼全世界的籃球奇蹟，形成一股「林來瘋」的風潮，連美國總統歐巴馬也為之瘋狂，從此改寫世人對亞裔人士進入 NBA 籃壇的傳統觀念。在林書豪勇闖籃壇的成長過程中，父親總是在其重要的比賽場合，以全場錄影的方式事後檢討，母親則絕不缺席並努力加油，造就了籃球奇才──林書豪。

價值澄清：

1. 天才兒女是國家的重要資產，父母如何去開發？
2. 以林書豪造成的林來瘋現象，在台灣的教育體制有可能嗎？
3. 林書豪造成全世界的籃球熱、籃球旋風，其父母扮演的角色為何？

一、青少年期的生理發展

（一）身高、體重

個體進入青少年期，就是所謂的青春期（puberty），青春期約持續二至六年左右。當青年男女進入青春期後，其男女性荷爾蒙（hormone）開始分泌旺盛，內分泌旺盛，因而身高、體型、體重、第二性徵方面，均會有明顯的變化，也是一生中變化最為快速的階段。

在身高方面，張媚等人（2003）認為，此期的身高增長約 25%。男女平均長高約二十四公分，因此又稱為陡增期或噴射成長期（growth spurt）。到了青少年期結束，個體均已具備生育能力，且身高已達成人的 75 至 80%，女性的身高甚至可達成人的 90%以上。

在體重方面，由於青春期的身高快速長高，相對的，此期的體重也會明顯增加；張媚等人（2003）指出，女孩在十至十四歲時，體重約增重十七公斤，年平均增重三至四公斤；男孩在十二至十六歲時，約增加體重十九公斤，年平均增重約五公斤。尤其最近幾年國人經濟水平提高，國人飲食習慣改變，因而體重過重的青少年大量增加。

（二）外觀

青少年正值青春期和少年期，該期內分泌腺特別旺盛，男性的睪丸會分泌睪固酮素（testosterone）及雄性激素（androgen），女性的卵巢會分泌雌性激素（estrogen）和黃體激素（progesterone），使得青少年的外觀明顯產生改變。一般而言，男性骨骼變得粗壯、肌肉發達、長鬍鬚、長喉結，身高拉長，看起來像似小大人般；女性則因內分泌腺發達，雌性激素分泌旺盛，皮膚表層脂肪較多，皮膚變得細膩、光彩、滑潤，充滿青春的活力，身長則拉高到近似成人的身材，外貌有明顯的改變，例如：乳房隆起、陰毛生長、月經來臨，聲音也變得較尖銳，男生的聲音

則較為低沉。在青春期，不論男女其皮脂腺皆較為發達，有的個體會長青春痘，男生甚至陸陸續續的有腿毛、胸毛增長。

（三）身體各系統

1. 骨骼肌肉的運動系統

骨骼系統的發育依序為四肢發育較快，最後才是軀幹骨骼的增長與骨化。在青少年期即能發育成成人般的體型、樣式和比例，女孩進入青春期較早，因而在青春期時，女孩的身高即有明顯的變化。

肌肉系統的發育與內分泌系統有關，男性肌肉的發育，隨著雄性激素分泌量增加，使得男性肌肉發達、硬朗、骨架變粗、胸毛、腿毛增生，而散發出成人般的架勢；但也因骨骼肌肉系統的發育，與身體各部位發育速度不一致，使得青少年容易產生動作不協調的現象。女性則骨架細小、肌肉細膩、滑潤，女性的肌肉質量約為男性的二分之一，因而女性的力氣均較男性力氣為弱。

2. 生殖系統

男女生的第一性徵是與生俱來的，但隨著年齡的增長，也持續在發育中，例如：男生的睪丸、陰囊、陰莖，女生的卵巢、子宮、陰道。在青春期前，第一性徵性器官發育緩慢，直到青春期即開始快速成長，直到約二十歲才發育完成。

青少年的第二性徵，是由於第一性徵的日漸發育所影響，約在青春期（男生十三歲，女生十一歲）即開始大量分泌性激素，男性分泌雄性激素，導致男性陰毛、體毛增生，有夢遺射精的現象，男性的聲音也開始變為低沉、骨架變寬、皮膚粗糙厚實、毛細孔粗大。

女性分泌雌性激素，因而乳房開始隆起、突出，月經也週期性的報到，開始有排卵的能力、陰毛增生、臀部變大、聲音變為尖銳而頻率高、皮膚細膩、滑潤而光澤。如表 6-2 所示。

表6-2　兒童中期末及青少年期之性生理發展順序

年齡（歲）	男生	女生
八～九	——	子宮開始發育，骨盆開始變寬，臀部開始變圓，皮脂腺分泌增多
十～十一	睪丸及陰莖開始增長	乳頭、乳房開始發育，出現陰毛
十二	喉結開始增大	乳暈、乳頭突出、生殖器變大
十三	出現陰毛、睪丸對壓力之敏感度增加、睪丸及陰莖增大	陰道分泌物從鹼性變成酸性，乳頭色素沉著，乳房顯著增大
十四	聲音變粗，乳房膨脹	月經初潮，腋毛生長
十五	陰囊色素增加，腋毛生長，開始長鬍鬚，睪丸增長完成，出現遺精	明顯的骨盆變化
十六～十八	臉上長痤瘡（俗稱青春痘），面部及身體毛髮增加，身高增高與肩部變寬，長陰毛，呈男子體型	月經有規則而排卵，臉上長痤瘡（俗稱青春痘）、骨骺閉合，停止長高
十九～二十二	骨骺閉合，停止長高	——

資料來源：張媚等人（2003：252）

3. 消化、循環系統

　　嬰兒出生時，心臟約為三百五十公克，到了六歲時，心臟已達新生兒的六倍重，直到十八歲才接近發育完成，但動脈、靜脈輸送血液循環全身的系統，於十三歲左右就已接近成人狀態；血壓、脈搏、心跳則於青春期後（十五歲左右）正常運作，維持常人的心跳範圍。

　　消化系統方面，新生兒胃的重量約為八公克，在青少年期，由於青少年運動量大增，需要較多的能量，因而也消耗較多的食物，消化系統也急速在發育中。

4. 腦、脊髓、神經系統

　　人體的腦及神經系統發育較快，約在六歲就到達成人值的 90%，大

腦、小腦、腦神經、脊神經約在十歲左右發育完成。青少年初期，腦及神經組織的質與量，已接近成熟階段，與內分泌系統配合，維持青少年大量的活動與腦的運作，控制著全身行為的表現。

二、青少年期生理發展的輔導

（一）食物種類宜量多且質優，營養要均衡

　　青少年期是一個人一生中，生理、心理、社會發展最快速的階段，對於蛋白質、礦物質、維生素等的需求最為殷切，因而青少年期食物的種類要多元、量夠、質優，並要有良好的飲食習慣，少吃高糖、高鹽、高熱量的食品，才能攝取各種營養素，保持生理的健康成長。青少年喜歡各種運動，每天活動量很大，需要足夠的食物來補充體能，否則青少年容易有疲倦的現象。

（二）生活作息要正常，睡眠要充足

　　青少年期因體力旺盛喜歡活動，對於各種新奇事物很好奇，學習慾望也很強，容易染上各種不良惡習，例如：吸毒、吸菸、網咖、電動玩具、看 A 片、轟趴等，這些惡習除了會嚴重影響生活作息，導致日夜顛倒、睡眠不足，對於正處於快速成長的身、心、靈，更是嚴重的傷害，因此青少年宜養成早睡早起、多運動的習慣，並遠離惡習。

（三）正確的性教育及整潔衛生的良好習慣

　　青少年期因荷爾蒙分泌旺盛，身心發展速度不一致，而有身心不協調、情緒不穩定的現象，情緒易於衝動，影響身心健康；目前社會上很多青少年，普遍對於男女性知識不足、性觀念偏差、性態度過於開放、性慾望過於強烈，以致於養成過度性幻想，而有手淫的習慣，甚至有不

當的性行為或未婚懷孕、墮胎，對於生殖系統尚未發育完全成熟，生理機能尚未健全的青少年而言，是一種很大的損傷。青少年期也是生殖系統開始快速發育的階段，良好的衛生習慣甚為重要，萬一感染到生殖系統，而引發各種病變，容易影響日後的生育功能。

（四）寬廣的生活空間及正常的休閒活動

青少年期是身體發育最為快速的階段，也是情緒好動的時期，宜鼓勵多接近大自然，參與戶外性質的活動，使循環系統、呼吸系統、運動系統能健康正常發育。為配合青少年期骨架的建構、身材體型的形塑，建議青少年養成正常、健康、休閒性、舒展性的運動，紓解青少年期因身心發展不協調，以及生活上、課業上所帶來的各種壓力。

（五）培養健康的體能性、群體性運動，紓解青春期的壓力

青少年期內分泌系統旺盛，青少年體力過於旺盛，會造成身心很大的衝動與壓力；又因青少年正處於課業壓力、升學壓力最大的時期，也是自我認識、自我概念尚未建立的階段，很容易產生心理徬徨與矛盾，造成壓力源不斷產生，因此更要培養體能性、群體性的運動，例如：籃球、棒球、排球、壘球等，一來可強健體魄，二來可藉運動與團體互動，轉移心理壓力，來紓解青春期的各種壓力。

三、青少年期的認知、道德、心理社會發展與輔導

（一）認知發展

青少年期在認知發展部分，已進入了形式運思期，不再受限於需透過所觀察到、所接觸到的實體情境才能解決問題，青少年能以抽象、邏輯、推理、歸納的語言符號表徵，來做更高層次的思考，並解決生活上、

課業上的各種問題。青少年期也是個體在記憶、假設、推理、演繹、歸納、探索的學習高峰期，所以青少年期充滿好奇，學習慾望強烈，好勝心強，師長或為人父母者，可善用青少年期學習事物的最好時段。

（二）道德發展

　　青少年期的道德發展，在皮亞傑的認知理論中，認為兒童道德發展若能進入形式運思期，便能以高層次的推理思維進行道德判斷，將有助於普遍道德原則的建立，而順利的進入自律階段；但事實上仍有很多人，仍停留在他律的層次，這或許和青少年的環境文化有關，青少年若能以推理思維進入道德判斷的自主道德，則很自然的，道德發展便能進入郭爾堡的道德成規後期，有利於社會規約導向，和普遍性的道德倫理原則導向，使道德生活化、生活道德化。

（三）心理社會發展

1. 性發展

　　性心理學家佛洛依德（Anna Freud, 1895-1982）認為，個體在經過兒童中期的性壓抑潛伏期後，進入青少年期時，由於內分泌腺的分泌開始旺盛，受生長激素、雄性激素和雌性激素的刺激作用，青少年期個體好奇心增強，對於性的幻想、性的衝動、性的慾望需求轉為強烈，因而師長或為人父母者應瞭解青少年身心發展在該期的特質，適度引導其性的發展，給予正確的性教育知識，紓解青少年的性壓力。

2. 情緒發展

　　青少年期對本身的自我概念、自我認同（self-identification），仍在建立重整階段，對於人生閱歷仍處於探索時期，對自己缺乏信心，而青少年期是身心發展、內分泌腺分泌旺盛的時期，容易引起青少年情緒升高衝突，而產生情緒性衝動的壓力；萬一遇到小挫折或不如意的事情，

即易引起青少年的嚴重情緒困擾或爆發衝突。個體在此階段，容易產生反抗父母、向權威挑戰的現象，也會對現存的許多文化、制度不滿意，而有叛逆傾向，因而又稱為狂風暴雨期（stormy period）。

3. 社會性發展

青少年期的社會化，是個體與環境交互作用，由原先兒童時期的次要角色，走入社會主體角色的歷程。青少年不但要學習自己的角色行為，也期盼他們社會化後，能成為成人角色，培養自我負責與獨立自主的態度，以及參與社會性活動的能力（黃德祥，1994）。社會化（socialize）是個體學習參與社會所需具備的知識與技能，並能表現適當行為的歷程，在馬斯洛（Maslow）的需求理論中，青少年期在生理需求獲得滿足後，可望達成社會性需求和自尊的需求，期望自己在同儕中，能被別人所接受、認同，甚至成為同儕團體中重要的一份子；因而在此階段，同儕的影響力可能會比父母還大，由於此一時期的青少年喜歡參與各式的團體和集會活動，因此易被幫派或不良團體所吸收，為人父母者應予特別留意與關心，避免誤入歧途。各發展階段，如表 6-3 所示。

表 6-3　個體心理社會發展時期

階段	心理社會危機	重要社會環境	有力之影響
零～一歲	對人的基本信念感──不信任他人	母親	驅力和希望
一～三歲	活潑自動──羞愧懷疑	父母	自治和意志力
三～六歲	自動自發──退縮內咎	家庭	方向和目的
六歲～青春期	勤奮努力──自貶自卑	鄰居、學校	方法和能力
青年期	自我統整──角色錯亂	同儕團體	奉獻和忠貞
成年期早期	友愛親密──孤獨疏離	夥伴	親合和愛
成年期中期	精力充沛──頹廢遲滯	分工和享受家的溫暖	生產和照顧
成年期後期	自我統整無憾──悲觀絕望	「人類」氣味相投者	自制和智慧

資料來源：邱書璇等人（2010：175）；蘇建文等人（1995：389）

四、青少年期認知、道德、心理社會發展的輔導

（一）配合青少年期的認知發展，提供富有創意、探索、邏輯、推理的教育環境

　　青少年時期個體的認知發展已到達形式運思期，喜歡抽象、思考、推理性的活動，以及新奇、刺激性的事物，因而師長或為人父母者，應配合青少年認知發展，適度引導其好奇心，滿足青少年求知慾，追求真理的熱忱，提供富有創意、探索、邏輯、推理的教學環境，促進智能的開發，例如：科學實驗或推廣發明性的健康社團。

（二）配合青少年期道德的發展，宜採價值澄清推理判斷的道德教育

　　道德的澄清發展在青少年時期，已由他律階段提昇到自律階段，由成規前期邁向成規期或成規後期，注重道德思維的推理判斷，因而宜採價值澄清或兩難困境的教育方法；讓青少年依道德認知發展知能，自行重組道德知識，提高其道德發展層次，達到普遍的道德原則導向，使子女生活有良好的品德。

（三）給予正確的性教育，提倡陽光、群體性的運動，紓解性的壓力

　　青少年期已邁入青春期，性腺分泌性激素旺盛，生長激素促進生理的快速成長，青少年身心發展有不協調的現象，容易產生性機能亢進，而發生性衝動的行為；因而為人師長、父母，除了應給予正確的性觀念、性態度、性責任外，還要鼓勵青少年多參加健康性、體能性、休閒性、團體性的運動，多接近大自然，改變生活環境，接受心靈的陶冶，以紓解性壓力與穩定青少年的情緒。

（四）適性化、人性化、生活化的教育，鼓勵青少年參與社會性的活動

　　青少年期個體渴望獲得社會的認同，產生社會化的行為，個體需獲得社會歸屬感與自尊的需求，以表現符合次級團體的社會文化行為，為人父母者及師長，應因材施教，以適性化的教育、人性化的關懷、生活化的教材，使青少年獲得自尊與自信；並鼓勵其多參與社區性、跨校際的團體性活動，以培養獨立自主、積極樂觀的人生態度，符合青少年社會化的發展。

【案例探討與價值澄清】

主題：祖母養孽孫三十年，鐵鍊弒嬤

案例：本案例發生在 2011 年 12 月於高雄市。兇嫌為田姓男子，三十三歲，有詐欺、違反《洗錢防制法》、《家庭暴力防治法》前科。自小父母離異，二歲時父親將他丟回老家，由八十歲的老祖母撫養，兇手一直好吃懶做，不積極工作，像小霸王，要錢就要給錢、要車就要給車，祖母因擔心常叨念他。六年前，兇嫌開始對祖母長期施暴，但祖母仍為他向檢方求情；前天祖母再次叨念，他竟持鐵鏈痛擊祖母頭部及腹部，並猛踢倒臥在地的祖母的頭和臉，更冷血的在一旁等祖母斷氣。檢方依殺人罪、違反《家庭暴力防治法》，向檢方聲押獲准。

價值澄清：

1. 離婚父母對兒女的影響有多大？離婚對社會國家有何影響？

2. 離婚的父母該如何輔導成長中的兒女？為何一位剛出生單純可愛的小孩，會變成弒親殺人不眨眼的兇手？台灣的品德、道德教育，哪一個環節出了問題？

3. 隔代教養出了問題，該如何補正？這又是誰的責任？

第五節　青少年問題與偏差行為的輔導

　　青少年因身心發展不協調、心智尚未完全成熟、課業壓力大、情緒管理能力不足，加上內分泌腺旺盛、青春期荷爾蒙的激發，很容易因一時的刺激，無法有效的控制情緒；有時又因青少年好奇心作祟，而產生嚴重的偏差行為，導致難以收拾的後果。可見青少年期的情緒管理與偏差行為的輔導，相當重要。

一、青少年問題的防範

（一）初級預防的親職教育

　　青少年問題與親子間的衝突尚未發生前，所做的預防工作稱為初級預防（primary prevention）。林家興（1997）指出，初級預防的目的在於防範問題於未然，因此初級防範的親職教育，趨向正向性的輔導工作，其教育對象為一般身心健康、親子關係及家庭功能良好的父母；其研習的內容，可視參加初級親職教育的父母而定，例如：永續婚姻、幸福家庭、親子溝通、兒童發展與輔導等。初級預防的內容，在於培養為人父母的知能，增強為人父母的信心，使其成為稱職的父母，可以採用專題演講、座談會、親子互動等方式實施。

（二）次級預防的親職教育

　　若青少年問題剛產生，且親子互動產生了問題，就如同早期發現、早期輔導，是為次級預防（secondary prevention）。林家興（1997）認為，次級預防的目的，在於問題剛發生之際，早期發現、早期解決，避免問題惡化。此時父母與子女，彼此皆認為對方不對而相互埋怨，父母

開始發現子女言行有些微問題發生，若不及早解決，恐將繼續惡化而終致難以解決。

親職教育的對象是針對和父母產生溝通障礙、互動不良者其言行已有走樣徵兆之青少年，希望藉此研習課程改善親子關係，並能順勢輔導子女接受良好善意的建言，導正其偏差言行。研習的內容包括親子互動、溝通藝術、問題解決能力、正確管教子女的態度與方法、情緒的自我管理等，研習方式針對問題做深入的探討分析，尋求解決良方，例如：小團體輔導、座談會或親職諮商等。

（三）三級防護的親職教育

若青少年問題已發生一段時日，且有繼續惡化的現象，親子間有嚴重的問題發生，且溝通已明顯不良，此時即必須實施三級防護。其親職教育的目的，無非是矯正嚴重的偏差問題行為，健全子女心智功能，改善親子關係及親子溝通互動，避免家庭暴力、吸毒、中輟、幫派、犯罪，以及家族衝突的行為再度發生。參加三級防護（tertiary prevention）親職教育的對象，一般均是兒女已有犯罪、暴力、吸毒、飆車、轟趴等行為，以及有前科問題的青少年之父母或監護人。

希望藉此親職教育課程，輔導這群父母正確的教育子女觀念，負起為人父母者應盡的職責；接受個別指導或參加小團體研習，並與防範犯罪相關單位配合，強力矯正兒女的嚴重偏差言行，避免危害家族與社會，造成社會的不安與恐懼。

二、青少年的犯罪、偏差行為與輔導

有些父母經常被邀請到學校或警察局談話，當警察或學校教師、主任、校長在告訴學生的父母或祖父母：「您的兒女或孫子女犯了什麼錯」時，很多的父母或祖父母經常會說：「我的兒子或女兒在家都很乖，不

可能犯這種錯，老師您是不是弄錯了！」等到老師們出示人證、物證，或拿出警察局知會學校的信函時，為人父母者才會相當訝異：「怎麼我的小孩會做出這種傻事呢？」其實答案很簡單，那就是平時父母不夠關心兒女，或不知如何關心兒女，以及親職教育的功能、認知不足所致。

（一）青少年偏差行為與偏差行為的特質

青少年的偏差行為（juvenile delinquence）是指，青少年的行為已違反社會的正常行為表現或偏離常態的行為，為一般人難以認同。黃德祥（1994）指出，青少年的偏差行為通常有下列特質：

1. 行為表現與多數人的行為表現方式不同。
2. 行為妨害公共秩序與安全。
3. 行為對個人或他人造成損害。
4. 行為與大人的期望及規定的行為方式不符。

青少年的犯罪行為是青少年偏差行為的一部分，兩者形成的原因相似，但青少年的犯罪行為，已構成對社會或他人的侵權與危害。青少年的偏差行為，是指青少年的言行已違反社會的正常行為表現，甚至危害自己或他人，例如：中輟、偷竊、搶劫、打架、幫派、賣淫、飆車、轟趴、抽菸、性侵害、自殺或行為失常等。

（二）青少年偏差行為的徵兆

望子成龍、望女成鳳是天下父母心，其實每位父母均希望自己的兒女乖巧聰明、孝順懂事，若遇到兒女有偏差行為出現，大部分的父母會震怒，對兒女又打又罵，甚至嚴刑伺候，或夫妻互相指責對方的不是；甚至也有的父母遇到兒女有偏差行為時，便以為魔鬼纏身，四處求神問卜。其實兒女會發展出偏差行為，事前在日常生活中均會露出蛛絲馬跡，只要為人父母者多加留意關心，應可防範於未然。以下為青少年可能的

偏差行為徵兆，如表 6-4 所示。

表6-4　青少年偏差行為的徵兆

項目	偏差行為的徵兆
生活上	作息不定、離開家庭或晚歸
言行上	言語詭異、有違常規、拒學或懼學，甚至中輟。奇裝異服、喜好漂亮、新奇、成群結黨、言不及義、習性改變、行為怪異、內心難安
金錢上	任意揮霍、用錢不當
課業上	作業缺交或遲交、功課一直落後
親子互動	常起爭執、規勸不聽

資料來源：翁桓盛（2006）

（三）青少年偏差行為的成因

1. 個人

　　個人的遺傳、環境、人格發展、價值理念、社會性發展等，均會影響偏差行為的產生。黃德祥（1994）認為，青少年階段由於身心急速改變，造成個人壓力增加，使得青少年容易有敵意，和焦慮感升高；若個人調適良好，則敵意和焦慮感會減少，若適應不良，則敵意和焦慮感會升高，容易受外在的影響而有不當的反應，以致產生偏差行為。也有的青少年由於遺傳染色體基因影響，有衝動基因存在，情緒不易控制、易於肇事。青少年若在兒童期或少年期，個人的人格發展不健全或價值理念偏差，日積月累，將來更易於產生重大的偏差行為。

2. 課業

　　有些青少年由於學習方式不當或學習態度不佳，課業無法有很好的表現，若是個人人格發展不健全，又受到外在因子引誘，則更容易產生補償效應；也就是在課業方面無法表現出頭，又得不到他人關懷，在行

為方面的表現，就故意要引人注意，而刻意製造事端，被以英雄式崇拜補償內心的不平，於是就容易產生偏差或犯罪的行為。

3. 同儕影響

青少年階段由於社會性的發展需求，發展偏重於爭取同儕的認同與社會的歸屬感；而此階段的同儕影響力量不容忽視，甚至於比父母的影響力還大，因此若是在青少年階段結交到不良同伴，在朋友鼓舞下近墨者黑，尤其同儕的犯罪連結，更壯大青少年犯罪的膽量與犯罪的價值觀，則容易使青少年犯罪或產生偏差行為。根據專家的研究指出，不良的同儕團體對於青少年的犯罪行為，具有催化作用。

4. 家庭教育

家庭是影響青少年人格價值理念、道德發展的重要場所，為人父母者教育兒女的觀念、生活教育、人格教育、價值觀，均會影響兒女的道德品格發展；若是父母的生活態度價值觀偏差，又對生活教育不重視，兒女就容易產生偏差行為。其他如單親家庭或隔代教養家庭，常因疏於管教，或對兒女的關心不足，使其容易被不良幫派組織吸收，鼓舞其犯罪心理，更容易產生偏差行為，或犯罪比率相對的提高。

5. 社會文化與社會化知能

青少年所處的社會，若是社會文化制度良好，則青少年受整體大環境的影響與社會價值觀的作用，就不易產生偏差行為或犯罪；若是社會的大環境不良，常在媒體或生活周遭，看到強盜、搶劫、殺人、放火的事件，則無形中對青少年的犯罪動機有增強作用。若是再遇到青少年的社會化能力不好，與父母或外人的溝通互動不良，社會適應能力又差，易導致精神疾病，而有犯罪或偏差的行為產生。青少年所處的社會，若是家長普遍社經地位不好，則其子女產生偏差行為的比率也較高。

（四）青少年偏差行為與犯罪的輔導

　　會引起青少年產生偏差行為與犯罪的原因，為人父母者、師長、媒體、或中央與地方機關首長，均應深自反省，為什麼台灣的青少年會這樣？而不可一味的責怪青少年，應從家庭、學校、社會、國家的機制，做全面性的檢討，並力求改進，以遏止目前青少年犯罪的風潮，建設青少年優質的發展與成長環境，建立溫馨祥和的社會。

1. 家庭方面

(1)為人父母應多留一點時間關心小孩，並以身作則，成為子女的好榜樣，學習的好模範。

(2)為人父母應孕育溫馨、祥和、有愛、有希望的家庭，提供子女良好的成長環境。

(3)父母應有正確的價值理念，重視兒女良好習慣的養成及生涯規劃。

(4)父母、師長應給予兒女合宜的期望，因材施教，適性、適時、適當的輔導。

(5)父母要瞭解兒女並接納兒女，留意子女交友情形，接納兒女的同儕朋友。

(6)父母對於兒女的言行及行為表現，要有關懷性與敏感性，及早感知兒女的行為發展。

2. 學校方面

(1)建立友善校園、全人教育，並培養良好校風，重視學生生活教育，以及道德人格的發展。

(2)教師有效成功的教學，可避免造成學生學習的挫折，並給予每位學生合宜的期望。

(3)教師應與家長建立溝通平台，密切的聯絡互動，共同關心學生並留意其表現。

(4)學校應適時舉辦創意性、活潑性的活動，以紓解學生之身心壓力。

(5)善用增強原理，培養學生良好行為，鼓勵是最好的激勵，若學生有良好行為表現時，教師要善用獎懲原理。

(6)發展辦學特色，培養優雅校風，藉著學校特色，培養師生的榮譽感，來愛護自己，利用優雅校風，孕育師生人格、品德的健全發展。

3. 媒體方面

媒體負有社會教育的重責大任，其影響力非常的大，因而在描述或播報青少年犯罪情節時，不宜過度渲染，拿捏要適中，且要以正面性的價值取向為原則，具有教育性、示範性的學習作用。除媒體本身應自我要求，政府也應對媒體有效的管理，例如：平面性的媒體，可邀請專家學者做長期性的親職教育專欄論述，電子、電視媒體，也可多製作有益青少年發展及孕育祥和社會性的節目；勿以商業掛帥，或以收視率為主要考量，應負起媒體對社會的社會教育責任。

4. 社會國家方面

(1)中央或地方官員，要建構富而好禮的社會，使國民擁有良好的生活禮儀、良好的道德情操，人民經濟生活能安定，防範經濟性犯罪，影響社會治安。

(2)政府機關應大力提倡親職教育，發行親職教育進修護照、親職教育專刊，或推行有益的親子互動活動，讓親職教育成為一種全民運動，更是穩定社會國家的主要力量。

(3)營造溫馨有愛、互相關懷的良好社會文化，使青少年在健康的社會中成長茁壯。

【親職格言集】

　　家是全家人生活的重心，更是全家人的避風港。

　　家在順勢時它備感光彩，逆勢時它更溫馨關懷。

【問題與討論】

1. 兒女發展輔導的重要性為何？何謂適性、適時、適當的輔導？

2. 懷孕的婦女應做哪些輔導、教育？胎兒的發展受到哪些因素的影響？

3. 青少年期同儕的影響有多大？青少年的飆車行為是否和同儕文化有關？

4. 行為偏差的青少年有哪些徵兆？如何預防青少年的偏差行為發生？

5. 為何台灣的青少年，道德的發展多停留在他律階段？如何提昇青少年
   的道德發展層次？

Chapter 7

兒女的教養方式與情緒管理

第一節 兒女教養的重要性

　　教導孩子是一門高深的學問，也是一種生活實用的教養藝術，有些家庭不但子女教養好，品性與課業表現也好，親子的互動亦師亦友，溫馨的親情流露在日常的親子互動中，令人羨慕萬分；相反的，也有親子之間彼此怒目相向，互不信任，宛如路人，恨之入骨。前後兩者，均是為人父母，但親子之間表現出來的卻是完全不同的兩樣情。父母的地位是天賦，林朝鳳（1994）認為，我們無法期望全天下的父母都具有類似醫生、教師或法官等人員的專業態度，但是透過親職教育，可以協助父母們瞭解教養子女的專業知能，因此，成功稱職的父母是可以透過學習而來的。

　　有好的教養子女知能，才能培育出優質的下一代；社會上有很多的父母、教師，都教養出優質的下一代子女，他們的下一代子女很多都是教師、法官、醫師或建築師，在社會上的表現，不但生活禮儀、品德受肯定，在職場專業上的成就，更是高人一等，很有競爭力；因此，擁有

教養子女的知能，實在非常重要。

一、社會快速變遷，教養子女的知能更為重要

社會變遷快速也更為複雜，教養子女知能的學理更需與日精進，和現實社會、世界接軌，因而教養子女知能的學習更為重要。否則為人父母者將前人管教子女的經驗，複製到自己子女身上，子女會感到與父母的心理距離愈來愈遠，代溝就會一代比一代再加深，親子間在心靈上難有交集，親子的感情就會像路人，甚至像仇人般怒目相視。

二、有教養的子女是家庭的希望、社會的安定力量，更是國家競爭力的表徵

有教養的子女，一般而言，肯學習、上進、講理而好禮，在專業上的表現更為突出，為家庭帶來活力與希望，他們是社會上一大穩定支持的力量，更為國家帶來更高層次的競爭力，帶動社會國家的整體發展，是評估國家整體競爭力的表徵。

三、掌握兒女的教養關鍵期，子女們沒有再版的人生

人類的發展有其階段性，例如：新生兒、嬰幼兒、幼兒、童年早期、童年中期、青春期、青少年期等，而每個成長階段都有不同的階段性任務，故每一成長階段教養子女的知能亦不同，且有很大的差異，例如：新生兒階段重在衛生、保健、母乳的重要性，青春期則應留意子女的生理發展、認知發展的開發，社會心理、情緒性的穩定。為人師長或父母者應深入瞭解學生或子女的生長發育階段，及其個體的特質。在不同的階段以適當的方式教養子女，而在子女成長的過程中，各種教養方法宜交互為用，採取適時、適性、適當的教導；畢竟每個孩子個別差異大，

且階段不同，隨著歲月快速流逝，為人父母者若錯過教養關鍵期，會導致子女很大的傷害，耽誤子女一生的發展。而任何人都沒有再版的人生！

四、有教養的子女，是父母的榮耀，帶來父母晚年的幸福

優質的教育子女方式，可培育具專業、有禮、上進的下一代，他們服務社會對國家的貢獻，是父母最大的榮耀，是兒女送給父母晚年的大禮，更是父母家庭幸福的表徵。稱職的父母天天快樂、幸福美滿，失敗的父母晚年日夜還要為兒女操心，收拾兒女留下的爛攤子，甚至送兒女去坐牢。

第二節　兒女的教養方法

一、優質的教養子女方法

親子的互動型態有權威專制型、無為而治型、討好放任型、責備挑剔型、說教嘮叨型、理智開明型等，到底親子間宜採取何種互動模式？其實見仁見智，也因為每位父母、子女的特質不一，因而各種互動型式的優劣互見；而父母親又該如何才能成為子女心目中的理想父母、有效能的父母？學習如何教養子女，便成為一門高深的學問，更是一種高級的生活管教藝術。親子互動、教養子女的不同類型，說明如下。

（一）民主型（democratic type）

民主型的父母，平時均能以身作則，對於子女的行為要求與價值觀是一致的，使得子女平日生活有所依循；與子女的相處採平等方式，對於問題的解決以理性開明的溝通方式，使得子女有表達意見的機會，若

是好的見解，父母亦可採納，但有一定的底線；可讓子女感受到父母的愛與關懷，家人互尊互重、和諧快樂，有家庭倫理的概念，家人溫馨熱愛這個家庭，家中充滿民主、平等、有愛、互助、關懷的氣氛。

（二）權威型（authority type）

父母教養子女的方式若採用專制權威式，認為子女是他們的附屬品，子女會感覺自己好像次等家人；而父母覺得自己的知識與經驗永遠多於子女，子女很難有表達意見的空間，親子關係便容易緊張而對立，而子女易有畏首畏尾的心態，因此子女的潛能無法充分發揮，亦認為家庭缺少愛與關懷。

（三）放任型（noninterference type）

父母過度重視自己的事業工作發展，或只在意自己的興趣與個人享受，而對子女的教養沒有責任感或放任不管，對子女的所作所為均不做干涉，或很少表示意見，甚至看見兒女不正確的價值理念及偏差行為，也不做導正與管教，常以尊重孩子或讓子女學習獨立為藉口，對子女的言行不加聞問，未做到以身作則或教育的責任，子女無法感受到親情的溫暖與照顧，家人的相處冷漠，彼此難以溝通。

（四）溺愛型（fondness type）

父母在兒女的成長過程中過度保護孩子，或一味滿足子女的需求，會造成子女誤以為那是應該的，而不知感恩惜福，養成兒女嬌寵的惡習，資源任意揮霍而不自知，子女不但自己不努力，也不學習自立。由於父母過度的保護，其子女無法接受刺激與挑戰，不但自己能力差，遇到困難及不如意時，還會怨天尤人；無法體悟家人的關懷與溫暖，總認為父母的偏寵是應該的，不知感恩惜福。

（五）倡導關懷型（ initiative & attentive type ）

倡導關懷型的父母，在兒女的成長過程中，一方面會留意兒女的興趣、特長與資質，適時的鼓勵兒女成長、培養良好的習慣，共同建構可欲的目標；另一方面，會給予兒女合宜的生理需求及健全的心理、社會性發展，採行高關懷的態度，讓兒女感覺父母友愛、溫暖、親和、理性、重視身教言教、有理想，與兒女容易溝通互動，適時、適性引導兒女，培養積極性的人生態度。

綜上而論，在子女成長的過程中，父母對於兒女的教養方式，幾乎無法採單一方式從一而終，宜因人、因時、因事、因不同的成長階級，交互使用或同時並用，只是平常較常使用，或父母教育理念的傾向而喜歡採用哪一種；但教養兒女最主要的目的，還是希望未來子女能理性處事、通情達理，傳承家族精神、愛護家人，謙恭禮讓、刻苦耐勞，與時俱進、發揮潛能，服務社會、增強國家的競爭力。

二、優質的教養兒女原則

（一）教養目標明確，適時激勵增強

父母教養子女，應給予兒女明確的行為準則、具體的方向和行為目標，讓兒女知所依循，例如：很多的父母常說，兒女將來要勤儉持家、自立自強，但父母卻常常帶著兒女吃麥當勞、肯德基等速食，或到昂貴的餐廳用餐，對於兒女貪睡、懶散的生活作息又不加理會，造成目標含糊。要如何能教養出勤儉、自立自強的兒女呢？為人父母應明確告知兒女成長的生活方向，若兒女表現良好，應適時鼓勵，善用增強原理，以強化兒女良好的行為達成目標。

（二）認清父母職責，善用教養藝術

　　林朝鳳（1994）認為，父母對子女的責任，不僅在於身體的養育，也包括心理的輔導，這種責任是父母雙方共同的，而非單方面所有。父母對於子女行為的發展、子女智能的開發、夫妻和諧關係的維護、家庭經濟情況的安排、對待子女的態度、環境的設計安排等各方面的知能，均應深入瞭解學習，並認清父母應有的職責、善盡父母的天職，對於各種教養方法深入瞭解，有效靈活的運用教養藝術。

（三）認清子女特質，適性輔導、因材施教

　　每位學生或兒女，不僅男女個性有別，其特質、嗜好、興趣、專長、優點、弱點等更是彼此差異，即使一對夫妻，生下的子女間，其特質也不可能完全相同；為人父母者，要用心的去認識自己的兒女，明瞭每一位兒女的特質與天賦，以及彼此間的差異，採適性輔導、因材施教，絕對不能以單一套教養方法去教育所有的兒女或學生。

（四）認清成長階段，適時、適性、適當的教養與輔導

　　兒女成長有不同的階段，在每一成長階段中，其階段的特性、階段性的任務也不同，兒女個別的特質亦不相同，為人父母者應深入明瞭兒女成長的階段，以及每位兒女的特質、每一階段性的任務，還有各階段的輔導方法，才能給予適時、適性、適當的輔導。

（五）父母教養理念一致，配合學校教育、社會教育

　　夫妻來自不同的成長背景，因而其價值觀、人生觀、教育子女理念，不一定完全相同，故夫妻需要溝通、協商、一起成長，取得教養子女共同一致的理念、共同的態度、可欲的目標與子女發展的方向。其教養子

女方法可彈性，但方向、目標要明確，並配合學校師長的教育，使兒女在方向明確的教養中成長，並符合社會的期待。

（六）身教、言教，更要有好的家教

為人父母對於子女的教養，除了瞭解教養子女的知能外，並要靈活應用各種教養方法。父母對於子女的教養應循循善誘、諄諄教誨，以愛心、耐心來對待每一位子女，並能以身作則，透過日常生活的模仿學習，給予兒女良好的示範。為人父母者平日待人處事接物，應有一定的生活準則，表現出有教養、有禮節、有希望、有未來的精神與風範，才能成為兒女最好的學習榜樣，是一部生活的活教材，更是最好的家庭教育。

（七）關懷兒女的同儕，對待兒女要互尊互重

成長中的兒女如進入兒童中期後，社會性的需求殷切、同儕間的歸屬感與認同感甚為重要，有時同儕的影響力不容小覷，為人父母者對於兒女同儕的認識、瞭解與關懷，無形中可增進親子間的關係。並且，與兒女互尊互重，不把兒女當成父母的附屬品，隨意漫罵、隨意差使，讓兒女在健康、溫馨、有愛、受尊重的環境中長大；將來在社會中，自然就能與人和善相處，並能與人互尊互重，而有良好的人際關係。

（八）真愛而不溺愛，合宜期望，激勵成就動機

天下父母心，哪個父母不疼愛自己的兒女？但愛要有方法、要講究藝術，不可未倒先扶，更不可溺愛。近幾年來的台灣社會，面臨國人價值觀嚴重扭曲，更由於少子化的關係，父母過度保護自己兒女，沒有培養兒女的挫折容忍力，反而一味的寵愛和溺愛，影響兒女的價值觀及人格的發展。對於每位兒女的特質、專長、缺點，為人父母者都應該要認真去評估，給予合理可欲的期望，適時而適度的給予激勵成就動機。

（九）和諧的親子關係和幸福溫馨的家庭，是教養子女的不二法門

　　親子間由於年齡差距思想的距離，難免會有意見不一的時候，但親子間要有默契，父母不可用成人的權威壓制兒女的思維意見，兒女不可以哭鬧來換取父母的同情；彼此應以關懷、理性、開明、積極的態度，做為親子互動的基礎，營造和諧的親子關係，父母更應以身作則，攜手建構溫馨幸福的家庭，使兒女在溫暖、有愛、有希望的環境中成長。

　　兒女的教養方法有很多，親子間的溝通互動不易，加上每位兒女的身心特質有別，各個兒女成長的階段任務亦不同，故為人父母者應以愛心、耐心、努力學習，長期進修學習有關教養子女的知能及藝術，營造溫馨幸福的家庭，合理的對子女可欲的期望，開發每位兒女的潛能，使他們對社會國家有服務的熱忱，期待好的教養方法，孕育健康有活力的下一代。

第三節　情緒管理與情緒智商

　　好的情緒可以讓我們的生活多采多姿、生活快樂、做事順利、工作效率提昇；壞的情緒會讓我們的生活陷入低潮，干擾我們的生活、失去生存的動力、失去希望、做事不順、嚴重影響工作，且容易鬱鬱寡歡得憂鬱症，甚至有自殺的念頭。既然情緒的影響那麼大，平時就應經常做一些讓自己快樂的活動，使日常生活充滿快樂與充實；同時，我們也應嘗試避免一些壞情緒的產生，控制情緒的惡化，以免影響到生活或人生的鬥志。

一、情緒與情緒智商的涵義

黃德祥（1994）認為，情緒（emotion）是個體對刺激做反應，所獲致的主觀情感與個別的經驗；情緒也是一種意識狀態，對個體具有觸動或干擾作用。

林仁和、黃永明（2009）指出，情緒現象是由刺激或誘發事件所引起，並且持續的時間較短，比較而言，心境卻具有持續時間較長，且不針對某一個具體客觀的特點。就心理而言，情緒應是刺激與反應的連結，只是反應發生後，會影響我們的心情、思緒、行為，而產生對個體多種不同的作用。

林仁和、黃永明（2009）指出，美國心理學家薩洛維（Peter Salovey）於 1991 年創立 EQ（Emotional Quotient）一詞，稱為情緒商數，簡稱情商。情商是代表人的情緒智能或情緒智商，那是一種評量情緒自我控制的能力，簡單來說，情商是一種控制和應用自己與他人相互關係的情感能力；EQ 是決定個人成功、快樂與否的關鍵，EQ 不但是可以學習的，更可從小加以培養。

二、情緒智商的內涵

薩洛維將情緒智商歸為五大類：

1. 認識自己情緒的能力：瞭解自己，掌握自己。
2. 妥善管理自己的情緒能力：自我安慰，擺脫焦慮與不安。
3. 自我激勵能力：自制力，克制衝動與延遲滿足，保持高度熱忱等。
4. 認知他人的情緒能力：讀心術、同理心，它建立在自我認知的基礎上，且需將心比心。
5. 人際關係的管理能力：管理他人的情緒藝術，包含：傾聽、溝通、說服等情緒智商，此意味著個人自我掌握，以及人與人之間，圓

融互動的能力或人格特質。

我們應思考如何激勵自己愈挫愈勇、如何克制衝動與延遲滿足、如何調適情緒、如何設身處地為人著想，而能有良好的情緒管理。

三、情緒管理的重要性

1. 影響個人身體健康：個體若情緒管理良好，則生理系統正常運作，內分泌系統暢通、快樂荷爾蒙增加、全身舒暢、心曠神怡，則身心健康；反之則痛苦度日、度日如年，痛苦荷爾蒙增加，全身難以協調舒暢，百病入侵。

2. 影響個人潛能開發：個體若情緒管理良好，則身心健康，能努力事業，開發潛能；若情緒控管不良，則事端連連，更難專心處事，一事無成。

3. 影響個人人際關係：個體若情緒管理良好，凡事能將心比心，同理心待人，自然人緣好，到處受人歡迎、人際關係佳；若情緒控管差，則易引起眾怒和誤會，人際關係當然不好，易成為孤鳥而坐困愁城。

4. 影響工作效率和工作環境：個人若情緒控管良好、心情好、工作順利，自然工作效率很好，而且能帶動工作環境的氣氛；若情緒控管差，心情不好，容易引起思緒錯亂、做錯事，工作效率差，而且會破壞整個工作團隊與工作環境的氣氛。

5. 影響家庭和諧：個人若情緒控管差，常在家中鬧脾氣，好像家中不定時的未爆彈，易引起家人相互摩擦、誤會、吵架，影響家庭的和諧。

6. 影響團隊合作與生產力：情緒控管差的人，在團隊中容易引起爭吵，破壞團隊的合作氣氛與意願，更嚴重的會影響團隊或社會的生產力。

7. 影響國家的競爭力與國力：情緒控管若不好，很難專心工作，常

製造是非，惹來禍端，為社會、國家帶來很大的困擾，減少生產力，更破壞國家的競爭力和國力。

第四節 兒女的情緒管理與情緒教育

林仁和、黃永明（2009）指出，情緒智商（EQ）不但是可以學習的，更可以從小加以培養，而我們應努力研究如何培養良好的情緒智商，期望良好的情緒智商，可以為個人、社會、國家帶來正向發展。減少或消除不良的情緒發生，為個人帶來工作順利、有成就感、生活快樂、發展專長，讓生活充實，而能追求自我實現。

一、青少年的情緒管理

青少年因身心發展尚未成熟，人生閱歷不足，個人經驗尚待學習；其身心發展不一，易造成身心協調困難，加上自信心不足，又正逢青春期，賀爾蒙分泌旺盛、體力旺盛，易受外界環境各因素的刺激而產生快速、劇烈的情緒反應，有時因一時的興奮，再苦的工作、再困難的差事，也能努力完成；但也可能因一時的激怒衝動，犯下難以收拾的殘局，毀掉一生大好的前途。因此我們應及早教導兒女，學習情緒管理、培養情緒管理的能力，擁有良好的情緒智商。

二、情緒的種類

1. 喜樂情緒：屬正向的、愉快的、滿意的情緒，是積極性的情緒反應，例如：愛、快樂、幸福、愉悅等。
2. 憂鬱情緒：屬於負向的、痛苦的、不滿意的情緒，是消極性的情緒反應，例如：憂愁、焦慮、悲傷、擔憂、罪惡感等。

3. 敵對情緒：屬於負向的、仇恨的、對立的不滿情緒，也是消極性的情緒反應，例如：憤怒、憎恨、嫉妒、意識形態、仇恨等。

4. 友善情緒：屬於正向的、仁愛的、善念的，是積極性的情緒反應，例如：友誼、親密、愛、信賴、摯愛等。

上述四種情緒反應，黃德祥（1994）指出，科斯德尼等人（Kostelnik, Stein, Whiren, & Soderman, 1988）將喜悅（joy）、悲傷（sadness）、憤怒（anger）與恐懼（fear）稱為核心情緒（core emotions），如表 7-1 所示。

表 7-1　核心情緒及對應的情緒種類

喜悅	悲傷	憤怒	恐懼
快樂（happiness） 歡欣（delight） 滿意（contentment） 滿足（statisfaction） 愉悅（pleasure） 得意（elation） 榮耀（pride）	灰心（dejection） 不快樂 　（unhappiness） 苦惱（distress） 悲傷（grief） 失望 　（disappointment） 害羞（shame） 罪惡（guilt）	挫折（frustration） 嫉妒（jealousy） 厭惡（disgust） 生氣（annoyance） 激怒（fury） 無聊（boredom） 蔑視（defiance）	擔憂（worriness） 焦慮（anxiety） 懷疑（suspicion） 害怕（dread） 恐慌（dismay） 苦悶（anguish） 驚慌（panic）

資料來源：黃德祥（1994：341）

三、兒女的情緒教育

（一）情緒教育的重要性

唐璽惠、王財印、何金針、徐仲欣（2005）認為，人生的成就大約有 20% 歸諸於 IQ，80% 決定於 EQ；IQ 是與生俱來的，而 EQ 卻是學習而來的，由此可知情緒教育（emotional education）的重要性。

李選（2003）指出，情緒教育即藉由教育過程，教導個體經由提昇自我的認知層面，培養對情緒產生覺察力與分辨力，進而應用適當且正

確的情緒表達能力，運用意識層面中的理性與智慧來引導個體，使其即使置身於複雜的環境下，仍然能維持情緒適應力與穩定力，以防止因情緒失控或不當之轉化，而在人際關係、家庭生活與社會互動中產生問題。情緒能影響一個人的身心發展，因此若能從小教育、培養管理情緒的能力，做好情緒管理，不但能修身養性，建立良好的人際關係，在家庭中親子關係良好，在社會上人緣好，在職場專業上能力好，達到多贏的人際關係實現理想。

（二）情緒教育的內容

唐璽惠等人（2005）指出，情緒教育的內容包括：自我意識的增強、認識各種情緒及其表達方式、分析思維、感覺與行為間的關係、情緒管理為自己行為負責、同理心、人際關係、挫折容忍、衝突化解、耐力與毅力的培養等。除此之外，諸如問題解決，行為管理，基本需求，社交技能等，只要能有效減少或消除負向性的心情，就能增加正向性的情緒發展，使個體身心健康發展、人際關係良好，工作效能提昇等，這些皆是情緒教育的內容。

四、兒女情緒管理知能的教育方法

（一）教導子女面對自己的情緒

子女的問題必定有因果關係才會發生，父母宜教導子女察覺問題的發生，以及問題發生的背景與原因，並教導子女冷靜分析、理性面對、勇敢面對，找出較好的解決方法，避免負面情緒影響。若是正向情緒發生，也應瞭解原因，創造友善與喜樂情緒。

（二）教導子女對付遭遇的問題，建立邏輯的推理。

　　子女若有不好的情緒發生，易於引發更深層的邏輯推理，例如：「我慘了，我會很慘」；若是不教導良好健康的邏輯推理，恐會愈陷愈深而難以自拔。故此時教育兒女應建立健康的邏輯推理，例如：「真倒楣！頂多如此，絕不會更壞了！它傷不了我的。」而把焦慮情緒的惡性循環切斷，腦海中往正向性的情緒思維去發展，或改變情境，引發正向性的情緒反應循環。

（三）教導子女建立良好的問題解決模式

　　「給他一條魚，不如教他如何使用釣竿」，因此為人父母者從小就要教導子女如何去面對問題、解決問題，建立問題的解決策略與模式，當問題發生時：(1)明瞭所遭遇問題的原因與感受；(2)進行腦力激盪或親友共同提出各種解決問題的方案；(3)評估各種可行方案的成效、成本與影響；(4)選擇最有利、最可行的方案，擬定計畫，付諸實行。

（四）教導子女採行生理及情境調整的管理方式

　　調整情緒的方法很多，但採行生理方式相當普遍，因透過劇烈動作或運動，一來可紓發出內心不快樂的因子，使其遠去；二來可透過劇烈運動、流汗，把沉積體內長久的鬱氣隨汗蒸發、散出，讓身心舒暢，全身感覺舒服有活力，斬斷不良情緒思維。運動項目有許多，例如：打籃球、體操、網球、跑步等；情境的調整策略，例如：安排度假、出國、登山等，讓情境改變，切斷負向情緒，讓新的良好情緒因子進入，產生正向性的情緒反應。

（五）教導兒女與良師益友討論或懇談

兒女若有負向情緒發生，可能因知識或人生閱歷不足，對真相有所誤會或不懂事情緣由而引起，此時若能請教良師或益友，指點迷津或許就沒事了；也可以請長者或專家提出很好的解決策略，使危機化為轉機，更可能成為良好的契機。

懇談是釋發壓力、情緒控管很好的方法，當負向情緒發生後，尋找可信、理性的益友，把內心深處的不滿與不安說出，可紓解生理的異常反應，帶來身心舒暢，走向正向性的情緒思維。

（六）教導子女同理心處事的概念

人與人之間的誤會、爭執或衝突，通常是因自我主義引起，本位主義太強者令人難以溝通協調，人際關係自然不好，也無法從他人的觀點和立場看事情，沒有同理心，不能設身處地為他人設想，沒有情緒處理的能力；因而為人父母者或教師，應讓子女透過角色扮演，易地而處去瞭解他人的感受，而培養寬宏大量的胸襟。

（十）教導子女公共關係的知能

古諺：「三個臭皮匠，勝過一個諸葛亮」，明白告訴世人，可藉用親友、師長的知能來解決困境問題。在現實的社會上，很多的事情或工作都無法一人獨自完成；在群居的社會中，孤鳥難以獨撐大局，需群策群力共同完成，共同享受一起努力奮鬥的甜美果實。故為人父母者應教導子女廣結善緣，做好人際關係，學習公共關係的社交技能，藉助親友、師長的知能，以實踐人生的理想。

親職教育

【案例探討與價值澄清】

主題：女博士副教授竟在大學校園內燒炭身亡

案例：本案例發生在 2010 年。國立成功大學女博士副教授，自清華大學電機工程學系畢業，赴美留學，取得南加大電機工程碩士、普渡大學電機及計算機工程博士，日前服務於中央大學太空遙測研究中心及國科會國家太空計畫室，最後擔任成功大學資訊工程學系副教授。四十五歲的女博士與丈夫分居一年多，生前沒有憂鬱症，工作上也無大問題，僅前一陣子聽她說，升等的事並不順利，壓力很大，日前於校園內的停車場，在轎車內燒炭死亡。

價值澄清：

1. 學歷和情緒管理的關係有多少？

2. 今後當您有壓力時該如何面對？如何做好情緒管理？

3. 您認為台灣的教育制度，該如何加強學生的情緒管理教育？

第五節　兒女挫折容忍力的培養

　　有人戲稱七、八年級的新生代為「草莓族」、「水蜜桃族」，意味著這些年代出生的兒女，未經大風大浪的洗禮，如同溫室裡的花朵，若有環境重大的變化或壓力，就會像草莓般易於腐爛，而無法接受挑戰，更無法忍受現實環境中的各種衝擊與挫折。其實人生的旅途非常漫長，任何人都無法塑造出一個永遠為任何人，或為某人生存的環境與空間；相反的，人生的旅程中有來自四面八方，有形、無形的衝擊與壓力，那才是正常的生命旅程。要學會接受惡劣的環境變化與壓力衝擊，才能激起生命的漣漪，綻放出精采美麗的人生光芒，創造有意義的人生。還記

得有一首歌「愛拚才會贏」，即描述著人生的旅程就如同海上的波浪，有時起、有時落，但只要人生的方向目標正確，能忍受挫折壓力、克服障礙者，就是最大的贏家；換句話說，挫折容忍力也成為兒女成敗的關鍵因素。

一、挫折容忍力之意義及缺少挫折容忍力的成因

（一）挫折容忍力的意涵

挫折容忍力（the tolerance of frustration）是指，依個人能忍受逆境及環境重大改變衝擊的壓力，而能忍受身心痛苦煎熬，及對環境的適應生存能力，例如：課業、家庭、工作、事業、身體、感情、經濟、生活等各方面產生困頓與艱難時，能忍受並坦然面對逆境，且化險為夷，在順境時不驕矜，處逆境時不氣餒，勇敢面對人生的每個挫折與情境，以發展健全的人生觀。

（二）缺少挫折容忍力的成因

1. 家庭教育的失誤

(1)家庭少了化，父母不忍心讓子女吃苦耐勞

現代的家庭子女數少，有的家庭甚至只有一位孩子，在父母的心中每個孩子都是寶，父母捨不得讓孩子吃苦，免除子女的辛勞痛苦，過度溺愛、呵護有加、未跌先扶，使兒女如同生活在溫室中養尊處優的花朵，無法接受衝擊。

(2)父母理念偏差

很多父母總認為，孩子小能力有限，無形中產生過度保護子女的心態，使子女喪失了很多成長的良機，以及接受挑戰衝擊的機會；孩子長大後，就會很難接受環境的衝擊與挫折，萬一生活情境有重大變革或事

業失敗，就很難適應，難以生活。

(3)未跌先扶，怕輸不起的錯誤觀念

父母望子成龍、望女成鳳，此乃天下父母的共同心願，但有的父母給兒女過度期望，總認為要贏過他人，不能輸才有面子；因而在兒女將有困境或預知兒女有任務、有壓力將屆時，即先行替兒女安排或替兒女解決，這種未跌先扶的觀念，怕跌倒後不易站立起來的想法，讓兒女始終沒有接受挫折抗壓的機會，日後生活中若發生挫折，孩子將難以忍受。

2. 學校教育的缺失

(1)生活教育、品德教育的不足

現代的國民教育偏離教育目標，不重視生活教育、品德教育，只重視智育成績，更別談全人教育；學生缺少生活教育、品德教育，養成對人不知尊重、對己不知要求、對事不知負責、對物不知珍惜，對於人情世故更無所知，因而不知感恩、不懂惜福。如此教育下的孩子，怎麼會有抗壓的能力呢？

(2)過度重視升學主義

父母總認為，孩子只要功課好，其他都無所謂。這種錯誤的觀念會影響學校及教師的作為，因而各校只重視升學，只在意學生的智育成績，不重視人格、道德、刻苦耐勞情操的培養，更不知何謂挫折容忍力。

(3)童軍課程、勞動課程虛應其事

輔導活動課程中的自我概念、生涯規劃，有助於學生情操品德的修持；童軍課程的野外求生、野地訓練、體能操練等，以及勞動課程的鍛鍊體能、公益服務，勞動筋骨、苦其心志，均有助於學生挫折容忍力的培養，但礙於目前升學主義掛帥，這二門課程只有排在課表上，虛應其事。

3. 社會風氣的迷失

(1)人生價值信念的誤解

　　時下很多青少年只注重物質的享受，而忽略精神生活的滿足，很多成人只注重名牌享受，青少年又對偶像藝人無條件崇拜，忽略了人生真正的意義與價值。青少年不知努力進取，接受挑戰及對社會的責任與奉獻，只求個人眼前的名利與享受，對於人生的價值易於產生偏差的想法。

(2)媒體觀念的誤導

　　台灣現在很多的媒體為求生存，只重視報紙的銷售率、電視的收視率，而似乎忘了更重要的媒體社會責任，造成媒體一再追求八卦，追求怪力亂神，報導一些迷戀社會的奢華風尚，誤導了青少年的心靈成長，產生偏差觀念，追求速食風氣，青少年不肯吃苦，沒有理想，沒有人生目標，沒有萬丈高樓平地起的觀念。

(3)社會觀念的偏差

　　目前台灣社會追求速食風尚，想一夜致富、一夕成名，甚至有「大幹一票」的錯誤觀念，沒有用心去體驗靠自己努力辛苦奮鬥得來的甜蜜果實與成就感。因此，前人白手起家、勤儉致富、積沙成塔的社會普世價值，逐漸在流失中，造成很多青少年不肯吃苦耐勞，又嫌薪水太低，不肯去上班工作，而以非法手段販毒、搶劫、綁票、援交等的速成方式，來維持生活的觀念。

【案例探討與價值澄清】

主題：哈佛博士生也要學會跌一跤

案例：2010年在美國攻讀公共衛生博士的○先生，從國小到國中很少拿第二名，小二時還跳一級，○先生說：「那次跳級很不快樂」，因為跳級後的那一班，班上的幹部是用成績選出來的，他當上班長「但是年紀比同學都小了一歲，誰都不鳥我」，那次可說是他求學路上重要的挫折。高中聯考考上建國中學，高二時，數學考卷發下來竟然不及格，那一整天，他看著考卷「56分」的數字發呆，不知道自己是怎麼一回事，也幾乎講不出一個字來；所幸，數學老師注意到他的神情有異，特地在下課時找他深談，而老師的這一席話讓他活出自己，也使他有更優游的人生。老師說：「你不能永遠都是一百分，否則一拿到考卷，就會有如排山倒海的壓力直撲而來，一旦有輸不得的壓力，就會讓腦袋無法思考。」從此他更努力，拚每一次考試可以拿下的分數，而不是每一次都一定要一百分的標竿；最後考上台灣大學醫學系，再到美國哈佛大學攻讀公共衛生博士。

價值澄清：

1. 您認為老師的那一席話，對文中主角的影響有多大？

2. 您贊成未跌先扶，或該讓孩子嘗試失敗？

3. 資優生常見的現象，是心智成長發展不一，以及人際關係、社會性的發展有問題，您認為該如何解決？

二、挫折容忍力低的徵兆

1. 眼高手低、好高騖遠。
2. 好逸惡勞、不求上進。

3. 依賴成性、沒有自立自強觀念。

4. 失敗總有理由、過錯在於他人。

5. 易於退縮、怕接受挑戰。

6. 臨陣脫逃、貪圖近利。

7. 物質至上、精神空虛。

8. 情緒不穩、易於衝動。

9. 憂鬱寡歡、消極悲觀。

10. 耐性不足、不肯吃苦。

11. 缺少企圖心、沒有成就動機。

12. 人生沒有目標、沒有生涯規劃。

有關挫折容忍力低的青少年行為徵兆，可從生理、心理、行為、生涯規劃，與終生學習方面來分析，如表 7-2 所示。

表 7-2　挫折容忍力低的徵兆

徵兆	現象
生理上 心理上	貪圖享受、好逸惡勞，喜歡速食文化，慾求高漲。 依賴成性、精神空虛，不求長進，怕吃苦、怕操勞，耐心不夠、不知珍惜，易衝動、易退縮，崇尚速食文化。
行為上	逃避問題、追求時尚，愛好虛榮，不知長進，不肯做基層的苦差事。
生涯規劃	沒有終生學習的觀念，沒有生涯規劃之意念。

資料來源：翁桓盛（2006）

三、如何培養兒女的挫折容忍力

（一）家庭教育重視身教、言教及境教

父母要營造一個積極有希望，不奢華的家庭氣氛，讓兒女知道父母的用心，瞭解父母的苦心，並明白古聖先賢的哲理，以及歷代祖先努力勤儉持家的建設精神；讓兒女知所感恩而奮發圖強，父母以身作則，使得兒女看在眼裡，而知振奮向上。

1. 安排感恩、惜福、艱難的體驗生活

父母應利用休閒旅遊活動，參觀國家重大建設，以啟發子女之雄心壯志，積極樂觀的人生態度。宜安排原住民部落、農村、漁村的體驗生活，讓兒女知道人的一生中，再苦的日子、再難的生活，可能隨時會遇到，但也要好好地適應謀生，積極的求生意志，培養吃苦耐勞、耐操，和感恩的特質；到育幼院、貧民區訪問當志工，讓兒女感恩惜福，生活有所節制，而有民胞物與的情懷；參觀殘障教養院，讓兒女知道很多人外貌雖殘，但心不殘，克服千辛萬苦的困難，還能堅強的活下去，來日遇到重大挫折，仍有堅毅不拔的情操。

2. 艱苦勇士生命價值的教育理念

父母教導兒女要重視心靈的充實與成長，而不必計較物質享受，尤其讓兒女明瞭生命的意義與價值、生活的目的與方向，且可多接觸成功偉人背後的艱苦奮鬥史，父母應利用機會教育，教導如志工或永不向命運低頭的生命勇士，例如：口足畫家楊恩典、志工模範孫越、經營之神王永慶等人的成長心路歷程。

3. 父母對待子女，不可未跌先扶、寵愛又溺愛

林進材（1995）認為，台灣的父母教養孩子，慣用的策略是「圍堵式的教育」，怕孩子跌倒受傷而未跌先扶，以致於孩子還沒達到危險情境，就預先攔截下來；唯恐兒女受到傷害，無形中剝奪了子女探索、接受挑戰、挫折、危機處理的機會。父母應試著讓兒女在安全的情境下嘗試錯誤，磨練毅力與耐力，增加挫折容忍力。

4. 延宕滿足，培養積極樂觀的人生態度

子女的需求不見得事事合理，也不一定件件急切，因而當子女有所求時，不一定要立即讓他們得到滿足，最好由他們本身自己努力奮鬥而得，如此可提昇兒女的競爭力與挫折容忍力，生活也會較有節制，人生的閱歷也較為周全，日後處理事情的能力會增強，尤其應培養樂觀積極精神，勇於面對壓力、面對困境，接受挑戰，解決問題。

（二）學校教育、社會教育的配合

學校教育的目標是全人教育，而非一味的重視升學主義，要重視學生的生活教育、勞動教育及生命教育。學校的課程中，應多教導我國歷代民族英雄的事蹟，例如：文天祥的正氣歌、蘇武的邊疆牧羊、經營之神王永慶的成長故事、每年大孝獎、大愛獎的真實事蹟等；從內心徹底的教育學生知所向上，養成刻苦耐勞、不怕艱難的習性。社會教育方面，政府應鼓勵媒體，多報導好人好事、忠孝節義、生命勇士的優質性節目，讓兒女發出內心感動而模仿，學習其不朽的榜樣。形塑社會樸實、向善、向上的民風。

【親職格言集】

有關懷才會開懷，能享福才能幸福；

有體會才能體諒，能包容才有笑容；

有笑容才有效果，能感恩才有感情；

有效果才有結果，能傾聽才能動聽；

有理念才有理想，能用心才能更新。

（「親子溝通要訣」，取材自林進材（1995）《成長路上親子行》一書）

【問題與討論】

1. 良好的兒女教養有何重要性？為何現今的青少年，讓人感覺好像教養不足？

2. 兒女的教養方式有哪些？您將如何運用？

3. 情緒管理與情緒智商有何差異？

4. 兒女的情緒教育，您認為該如何進行與落實？

5. 兒女的挫折容忍力，該如何培養？

Chapter 8

多元家庭類型的親職教育

　　親職教育能增進父母的親職知能，讓為人父母者成為快樂成功的稱職父母，但兒女具有不同的本性、天分、特長、心理特質，而目前社會多元型態的家庭，各家戶文化不同，家庭成員組織不同，需求也不同，地區文化特性不一，情境又多變，因而難以用一套親職知能，適用於各種不同類型的家庭、不同的兒童及青少年。本章針對多元型態不同特質的家庭，分述其親職教育的要領，以便做好各種不同類型家庭的親職教育。

第一節　生親、單親家庭的親職教育

一、生親家庭與原生家庭的意涵

　　生親家庭（birthing family）係指父母健在，且孩子與其親生父母住在一起的家庭，即一般普遍的家庭；其與原生家庭定義稍有差別。原生家庭（original family）是指一個人出生後被撫養的家庭，是無法選擇的，但個人在其中開始學習，學習有關生理、心理、社會與情緒各方面；在我們一生中，對我們影響最早、最有力、持續最久的，就是原生家庭。

生親家庭因兒女均能與父母同住，因而較單親或其他類型的子女，能得到家人較多的關愛與照顧的機會，因這些子女在較為正常健康的家庭中成長，所以這些子女的自尊、人格特質、認知發展、社會發展、心理健康等，會比其他類型的兒女有較好的表現。

二、生親家庭的親職教育

（一）建構與維持幸福的家庭組織

　　生親家庭因能得到父、母、家人較多的關愛與照顧，一般而言，其子女的整體性表現，例如：課業成就、人格特質、社會適應等，均優於其他類型家庭的子女。幸福的家庭組織，能提供子女安全感與歸屬感，使他們較能專心於各式的學習，參與各式的社交活動，而有助於其各種行為的發展與表現。

（二）父母親參與兒女的教養工作，且觀念態度要一致

　　父母親若均能參與兒女的管教，共同關心兒女的成長，會對兒女的人格、品德發展、學業成就，帶來正向的助益作用，兒女會有積極的作為；若父母教養兒女的理念、態度一致，則更有推波助瀾的效果，其子女將來適應社會的能力亦較佳。

（三）學習管教兒女的知能，並能終身學習

　　管教兒女的方式有許多種，父母若採用理智開明型，則兒女的整體表現及社會適應較為良好，其他如忽視冷漠、專制權威、寬鬆放任型，則其兒女的表現均較差。但兒女的整體成長過程，也不可採單一模式的教養方式，宜視成長階段、情境來交互使用，父母宜養成終身學習精神，與時俱進。

（四）行為改變技術融入兒女的教養方式

兒女的教養方式有很多種，各有優缺點，為了讓兒女有良好的教養，父母需學習行為改變技術，以及行為治療的知能，熟練其知能以融入教養兒女之過程中，使兒女有良好的行為表現，爾後在任何專業上的表現能更為突出。

三、單親家庭的涵義與特質

單親家庭（single-parent family）是指，由於父親或母親因離婚、喪偶、未婚或分居，與其未婚的子女所組成的家庭。目前台灣的社會因離婚率高，因而單親家庭逐漸成為主要的家庭型態之一，而且以母親為主的單親家庭，遠多於以父親為主的單親家庭。

單親家庭只有一位家長，要負起全家的經濟重擔及家務，因而其壓力比一般的雙親家庭大的多；因單親家長除了要負擔經濟重擔外，乃需承受其他如家務、管教子女、家族互動、兒女照顧等各方面的壓力。

單親家庭的子女，因缺少一方家長的關愛與照顧，較少家庭的溫暖，會深深影響其身心、課業、情緒等各方面的發展；尤其大部分的單親子女，在其父母離婚時，大約面臨青春期，因不滿父母的婚姻狀況，容易產生反叛、反社會或嚴重的偏差行為。

四、單親家庭的親職教育

（一）參與單親家長成長團體，或尋求社會資源協助

參與單親家長成長團體，可分享單親家長成功治家的案例，以及面對問題時可以尋求解決的資源；也可尋求親戚、益友、孩子的老師，或公益團體的支持系統，在理財、孩子的教養方面，多尋求指導與協助。

（二）建立教育愛與溫暖的家庭氣氛

在溫暖和諧氣氛的家庭中長大的孩子，有較多正向性的積極行為表現，孩子較會自愛、自立自強；因而單親家長要有建構幸福溫暖家庭的知能與願景，用教育性的愛陪同子女走過青春期，讓子女不因家庭的破碎而影響其身心發展。

（三）營造理性開明的教養子女策略

一般單親家庭的子女，會將破碎家庭的責任怪罪於父母，或不滿、責備父母，因而在教養單親子女時，倍加困難；單親家長更應尋求教養子女的專業知能，以理性、民主、開明，又有權威性的一致教養原則，讓兒女言行有一定的標準依循，兒女才知可為或不可為，建立親子間民主、開明、溫暖、暢通的溝通網絡。

（四）自立自強有希望的治家策略

單親家長離婚後，最怕沒有信心而自甘墮落，或單親家長帶頭產生反教育的偏差行為，如此全家失去希望，甚至帶著無辜兒女去流浪或自殺、賣淫；相反的，離婚的單親家長更應有堅強打不倒的決心，在理財、家事、親子關係等皆尋求專家或社會資源的協助，重新規劃、重新調整，務必自立自強，帶來家庭的願景與希望。

第二節　繼親、隔代教養家庭的親職教育

一、繼親家庭的意涵與特質

繼親家庭（step family）又稱為重組家庭，意指單親家庭的父親或母

親再婚後所組成的新家庭。單親家長再婚的對象，可能是未婚的單身者、單身但曾結過婚者，或單親有子女者；如此一來，其家庭成員，還可能包括雙方單親家長所生的所有子女之加入，以及再婚後所再生的子女。這種家庭成員間的關係極為複雜，成員關係很難調適，繼父母也很難有一致的標準教養小孩，家庭要有和諧氣氛著實不易；但還是要有溫暖、開明、公平、民主中有權威的治家策略。

二、繼親家庭的親職教育

（一）營造溫暖、有愛、有原則、有希望的家庭氣氛

　　繼親家庭組織繁雜，家庭成員來自不同的家庭成員，在婚後可能又有新出生的小孩，人際關係的處理較為困惑，因而繼父母宜敞開心胸，請教婚姻家庭專家，建構溫暖、有愛、有規範準則、有希望的家庭，否則家庭成員的心理不平衡，互相猜忌、互相忌妒，極易產生紛擾而難以收拾。

（二）尊重、接納、耐心，要有調適期的心理準備

　　繼親家庭因成員複雜，原本的生活背景不同、教養態度不同，與原生父母仍有感情因素的存在，因而繼父母宜敞開胸懷，接納且喜歡家中的任何成員，並要尊重其生活思想的空間，有耐心的處理家事，並與繼子女友善的相處；不能期望親生子女或繼子女，在短時間內即能相互認同或肯定、相互支持，仍需要有一段時間的適應期，透過重組家庭的開明理性規範，以及繼父母更用心努力的經營再婚後的家庭，使他們能更安心的和諧相處。

（三）積極學習教養兒女的方法與一致的教養態度

重組家庭的家族成員複雜，彼此理念、價值觀、生活習慣差異很大，繼父母要有決心，請教教育專家，學習教養兒女的良方，如何在各種教養方法中，視情境而相互為用，達到最佳的教養效果，而且不可因繼父母過去的理念不一，或與他們親生父母的態度不同而灰心，應積極明瞭繼子女原本各種不同的家境文化、價值，而能與生父母取得一致性的教養共識，讓他們幸福快樂的成長。

（四）繼親與生親相互支援、健全兒女身心發展

繼父母很難為，因與原生家庭過去的生活態度、生活習慣、價值理念有差異，很難獲得繼子女的認同，甚至十分努力也得不到回報，動輒得咎。但教導孩子是生父母、繼父母應負的天職，因而生父母應主動支援、關心，並提供繼父母的意見，讓繼父母能深入瞭解每個兒女的特質與發展，使其能安穩、快樂、健康的成長。

三、隔代教養家庭的意涵與特質

隔代教養家庭（separated generation family）又稱為隔代家庭或祖孫家庭，因小孩的父母有種種的困難而無法親自撫養子女，小孩只得與祖父母或長輩同居在一起生活，由祖父母或外祖父母、姑婆、姨婆等長輩親屬，代理父母職來照顧，並負起教養的責任。這種家庭的父母，一般而言，均有難言的苦衷，例如：離婚、分居、再婚、雙亡、入獄、逃債、遺棄、外地工作等；而隔代教養的子女也很無辜，從小就沒有一個正常的家庭，很難得到父母深摯的愛與照顧。現實的社會由於離婚率高及雙薪家庭的壓力，因此隔代教養也是目前家庭型態中的主流之一。

四、隔代教養家庭的親職教育

（一）父母、祖父母達成教養兒女的共識

　　為人父母應知教養子女是父母的天職，祖父母是協助的角色，管教子女的責任需達成共識，而不是將其責任全推給自己的父母；而且父母與祖父母二代間教養的理念、資訊相差很大，事前應審慎評估其可行性，避免事後因教養態度不一，發生父母、祖父母、孫子女三代間難以調適的錯誤。

（二）評估祖父母的體能與作息能否適應

　　一般而言，隔代教養的祖父母，均達退休年齡，每個人多少會有一些生理上、精神上的疾病，體力大不如前，應事先評估祖父母的體能，是否能夠照顧隨時哭鬧、跑、跳、無知奔放的小孩；而且祖父母過去長年的生活作息均已穩定，在可能日夜顛倒的作息中，身心能否調適，體力能否負荷，均是很大的問題。

（三）增進溝通知能，並尋求資源協助

　　祖孫三代其價值理念、文化、資訊相差頗大，一般而言，親子溝通就容易產生障礙，更何況祖孫相差三代，要產生良好的溝通何其困難！但若透過良好的溝通，能安撫小孩情緒，增進學習效果，培養良好的生活習慣，祖父母應試著請教親職教育專家或進修，以學得良好的祖孫溝通知能，也可請求外界資源，協助教養兒女的知能。

（四）營造良好祖孫關係，建立校親溝通平台

　　祖父母要教養良好的孫子女，首先要有溫暖、健康、有愛的家庭，

讓孫子女感覺家是最溫暖的，祖父母是心理的良師，建立良好的祖孫關係，並與孫子女就讀的學校及老師建立良好的溝通管道，互相支援，深切明瞭孫子女在家、在校就學的表現，並與學校及老師做良好的互動與配合，才能培育優質的孫子女。

【案例探討與價值澄清】

主題：溺愛！年少氣狂搶阿嬤，父探望還塞錢給他

案例：本案例發生在 2011 年 3 月。新北市有位十六歲的國三小霸王，未婚生子，以飛刀攻擊養父，嚇得養父不敢回家，為奪金鍊弄傷九十歲老祖母，被捕時還怒罵。就讀國三的林姓少年在五歲時，父母過世後，被擔任民意代表的林姓男子收養，少年自恃有養父當靠山，常惹事生非及偷家裡的錢；國一時打架被迫轉學，在台北火車站地下街認識同齡的少女，因而發生性關係而未婚生子。少年把嬰兒帶回家，要求養父撫養遭拒，少年便拿刀朝其丟擲，養父害怕從此不敢住在家裡。林姓少年更因向祖母要錢不成，搶劫阿嬤犯下此案，養父到警局後，竟還塞錢給該少年，並要他好好照顧自己。

價值澄清：

1. 問題青少年產生於家庭，顯現於學校，惡化於社會，有道理嗎？

2. 溺愛型的教養兒女方式有何優劣點？請分別列出。

3. 收養家庭的小孩該如何教養？哪一種教養方式較佳？

第三節　雙生涯、異國婚姻家庭的親職教育

一、雙生涯家庭的意涵與特質

　　雙生涯家庭（double income family）是指，夫妻雙方均從事全職性或專業性的工作，而難以分攤較多的時間與精力，來照顧小孩的家庭，又稱為雙薪家庭。現今社會，由於女性教育程度提高，男主外女主內的觀念逐漸改變，加上家庭經濟的壓力，以及消費形態的轉變，許多的女性婚後或生產後，仍需積極投入就業市場，因而雙生涯家庭愈來愈多，且成為多元型態家庭的主流。在雙生涯家庭中，男性需改變過去觀念，在家時要積極投入家事的工作，女性因受限家事中許多工作及小孩都需母親的照料，或母愛的安撫，因而女性在家務與職場中，蠟燭兩頭燒的困境屢見不鮮，家人應多予以體諒、協助與鼓勵。

二、雙生涯家庭的親職教育

（一）簡化家事、分擔家事或尋求外在資源

　　雙薪家庭夫妻兩人上班時要有職場工作的成就，下班後又有小孩學業教導或交通接送問題，回家後又有煩瑣的家事要做，因而家人宜妥善規劃安排簡化家事，並將家事由全家有工作能力的人平均分擔。當家事太多時，也可考慮請專業的家務打掃公司或親友協助幫忙解決，分攤父母家事的工作壓力。

（二）精神支持，相互鼓勵，創造多贏

　　雙薪家庭的父母，白天早出晚歸，又得接送子女上下學，教導子女

課業；職場上要努力才有好的表現，回到家已精疲力盡，但還要料理三餐，以及忙不完的家事，萬一又有年邁病弱的雙親需照顧，可說蠟燭不只兩頭燒！每天面對如此沉重的壓力，需要家人的協助、鼓勵及精神的支持，體諒辛勞，否則萬一精神崩潰或身體不堪負荷，累倒了，其對家庭及子女的影響實在太大。

（三）妥善安排生活，多利用時間陪同兒女一起成長

雙生涯家庭的父母，不但壓力大，日夜忙碌的生活亦令人疼惜；但誰都沒有再版的童年、再版的青少年期，故子女亟需父母的陪伴關愛，撫慰幼小的心靈，更渴求父母良好的教養方法，以帶領他們長大成人，開發潛能，服務人群。因而雙薪家庭的父母，其生活的安排、時間的規劃相當重要，否則父母今天放棄子女，明天便換子女放棄父母，反而賠掉一生辛苦奮鬥努力的成果。

（四）安親班只是教養的協助機構，兒女成長需父母相隨

雙生涯家庭的父母，上班時間或開會時，小孩已經放學，有時還要額外加班，造成小孩放學後，需仰賴安親班或課後輔導班的教師代為照顧，但安親班或課後輔導班只能當做臨時托育性質，兒女家庭作業的輔導或生活習慣的養成，還是父母的主要職責。因安親班的師資、設備良莠不齊，且絕大部份均以營利為目的，其工作人員普遍缺乏專業能力，更少有親職的教育理念，為人父母者需互相協調，兒女放學後最好能夠有人陪同作息，做好親職教育的規劃，以培育身心健康、有品德、好習慣的好兒女。

三、異國婚姻家庭的意涵與特質

異國婚姻家庭（foreign country family）是指，夫或妻的一方為外國

國籍者所組成的家庭,又稱為外籍配偶家庭,意指透過各種婚姻的管道,外籍人士合法的進入台灣,並婚配給台灣人。

目前異國婚姻家庭中,大多數婚配的女性對象是東南亞或大陸地區的女子,她們普遍的特點是來自落後國家的貧困家庭,教育程度不高且年紀輕,而其新郎在台灣也可能普遍是社經地位較低,較為弱勢的一群。其組成的家庭,容易產生諸如文化、風俗、語言、教育、法律、財產等問題,此外,也形成台灣目前社會的一大特殊現象。

四、異國婚姻家庭的親職教育

(一)教導外籍配偶的語文、文化、謀生知能

外籍配偶大多來自落後國家,大部分出身貧困的家庭,因而其語文、文化能力與台灣落差很大,且教育程度普遍低落,沒有一技之長很難謀生,生活困苦;政府宜針對這些普遍存在的問題,透過教育訓練其謀生知能,才能立足於社會。

(二)教導外籍配偶理財、溝通與教養子女的問題

大多數外籍配偶因為教育程度與年紀都偏低,故沒有一技之長,更沒有理財概念,因此政府須鼓勵她們自立自強,學習理財方法,奠定家庭中的經濟基礎。外籍配偶因不熟稔台灣的文化和語言,很難與自己兒女溝通,普遍缺乏教養子女的知能,因而政府單位宜利用各種管道,教育其理財之道、溝通要領及教養子女的方法。

(三)加強外籍配偶所生子女的生活教育及課業輔導問題

外籍配偶所生的子女,統稱為「新台灣之子」,他們的生父母社經地位普遍較低,教育程度也不好,語言、文化、溝通又有很多的問題;

因而新台灣之子所面臨的最大問題，是教育、溝通與課業嚴重落後的問題，故政府宜加強他們的課業輔導，讓他們在學校或班級上的表現更好，提昇其自信心、增強其人際關係。

（四）加強父母的教養知能，並採取一致的教育理念

外籍配偶的家庭，其父母教育程度普遍較低，易有嚴重的教養子女知能不足問題，且外籍配偶的夫妻其成長背景差異特別大，不同文化背景及國籍之教養子女理念、態度、方法也有很大差異；因此政府宜鼓勵外籍配偶學習語文，以利教養子女的方法能更精緻有效，而外籍配偶的夫妻在教養子女時，態度、理念要一致，使兒女生活上能有所依循，培養良好的生活知能。

第四節　特殊兒童家庭的親職教育

一、特殊兒童家庭的意涵與特質

特殊兒童家庭（special children family）是指，家庭中有一位以上，異於一般兒童的家庭。特殊兒童又分為二類，資賦優異（gifted）兒童與身心障礙（handicapped）兒童。特殊兒童在生理、心智、行為、感覺、認知上的表現，異於一般的兒童。資賦優異是學齡兒童經認證單位鑑定有卓越表現，或高度潛力者，包括：一般能力的優異、學術性向優異、創造力優異、領導才能優異、視覺及表演藝術優異，以及其他能力優異者。

身心障礙是兒童經特殊或醫療單位鑑定，其身心、智能、學習能力、語言表達等缺陷，造成生活及學習上的不便，而影響其生活者。又可分為很多類別，分別為智能障礙、視覺障礙、聽覺障礙、語言障礙、肢體

障礙、身體病弱、情緒障礙、學習障礙、多重障礙、自閉症、發展遲緩或其他障礙者。

　　特殊兒童因與一般兒童在言行、智能、學習等方面，皆有很大的差異，因此更需要家長特別的教養與費神的照顧，學校也要提供特殊的設備及教育方法，才能符合其發展需求，發展其潛能。特殊兒童的家庭，因家中有特殊兒童存在，比一般兒童的家庭需要更費心、耐心、用心的照顧與教養，因此可能會造成家人更大的經濟負擔與精神上的負荷，嚴重時也有可能會影響家庭氣氛及夫妻間的感情。

二、特殊兒童家庭的親職教育

（一）資優兒童家庭的親職教育

1. 父母須不斷的學習與充實，並尋求社會資源，與資優兒童一起成長

　　資優兒童天賦高、學習能力強、反應相當靈敏，資優的類別多，學習的對象很少也很特殊，因而父母須不斷充電學習，或尋求社會資源，例如：師範大學、教育大學，或縣市政府的特殊教育課，以協助開發資優兒童無限的潛能，並與資優兒童一起成長。

2. 研究特殊兒童的教養方法，並與師長建立溝通平台

　　特殊兒童的身心發展、生活習慣、特殊才能的發展，與一般兒童並不同，因此家長須請教專家，針對自己兒女特殊的特質，研究特殊兒童的教養方法，並時時與師長或專家保持聯絡，共同解決特殊兒童的親子溝通、生活習慣、特殊才能的養成問題，建立親師或校親的溝通平台。

3. 鼓勵兒女堅持與冒險，但要有接受挫折、失敗的心理準備

　　特殊兒童在特殊領域有特殊的興趣，故常有冒險、挑戰刺激的衝動慾望，尤其資優生好勝心強，且一路走來課業成績始終領先群雄、名列前茅；但人外有人，天外有天，偶爾的挫折與失敗是正常的，資優兒童

或跳級生若因其心智及社會性的發展尚不足，往往難以接受失敗的慘痛現實，甚至萌生輕生念頭；故資優兒童的父母應特別留意其心智發展的平衡。

（二）身心障礙兒童家庭的親職教育

1. 父母及家人要瞭解身心障礙兒童的特質，建立家人相互扶持的共識

身心障礙的類別很多，且障礙兒童的發展過程、資質不一，家人要深入瞭解兒童的特質。而且家中有身心障礙兒童，會帶來家人經濟生活壓力，精神、體力的消耗，長期的煎熬，家人要有善念慈悲心，建立家人長年相互照應、相互扶持的共識，否則家人容易精神崩潰。

2. 建立家中財務、生活作息、醫療的規劃方案，並尋求社會資源

身心障礙兒童因身心的缺陷，需要很多的生活及教育的輔助設備，會增加很多家中的經濟負擔，且身心障礙需要家人長年的特別費心、耐心照顧，常常會打亂全家人的生活作息，因而家人要有相互支援、相互扶持的生活作息安排；尤其身心障礙兒童，有其特別障礙的醫療需求，因而要有配合的醫療單位安排醫療計畫，並尋求政府或民間公益社團的資源，協助解決各種困境。

3. 尋求特殊教育與就業輔導，決不輕言放棄

身心障礙兒童的發展與一般兒童有異，需要特殊的教育設備、教學方法與生活輔導知能，因此父母需要尋求符合身心障礙兒女的特殊教育學校或特殊班，以做好兒女的教育輔導工作，發展其自立自強的能力；並可尋求政府或民間社團的幫助，協助解決未來特殊孩子的就業問題。要教育一位身心障礙兒童，需花費一般兒童數倍的精力、體力及耐心，但為人父母者絕不可輕言放棄，畢竟天生我材必有用。

4. 家人要有休閒、強身、紓壓的計畫

身心障礙兒童其家人的費心、費力付出，長年的身心煎熬，且帶來經濟、身心、生活品質、夫妻感情各方面的長期壓力，故需要紓解壓力的管道，否則難以長年支持。家人要有休閒、強身、紓壓的規劃，才能做好身心障礙兒童的長期輔導與照顧工作。

【親職格言集】

家是兒女的第一所學校，學校有規矩、有目標、有願景。
父母是兒女的第一位導師，導師要有愛心、有專業、有理想。

【問題與討論】

1. 社會上很多人均認為，很多的社會問題都來自單親家庭；單親家庭的親職教育該如何加強，以發揮親職功能，改善社會風氣？

2. 目前台灣的單親家庭愈來愈多，也造成很多問題，該如何抑制單親家庭的成長，以改善社會風氣？

3. 繼親家庭最難處理的，是家中成員的人際關係，該如何處理以增進家人的團結與合作？

4. 繼親家庭的親職教育，要加強哪一方面會比較好？

5. 隔代教養家庭的親職教育相當困難，您認為要如何進行會比較好？

6. 異國婚姻家庭愈來愈多，也製造很多的社會問題，是否和異國婚姻的親職教育有關？該如何改善？

Chapter *9*

親職教育的資源與
實施方法

再好的親職教育知識或學理，若未能落實於第一線的工作者，那種知識就是空談；若未能落實受惠於需要的人，那種知識學理就如同空論，徒勞而無功。因為社會變遷快速、時代的進步，科技日新月異，很多科技資訊產品推陳出新，中央政府整體性規劃親職教育的人員，或基層執行親職教育的工作者，均應有新思維，應善用最佳策略、最新方法，以及最新科技與資源來辦好親職教育，或親子互動性的活動，使親職教育能普及於全民，受惠於未來的主人翁、家庭、社會及國家。

親職教育的資源與實施方法種類繁多，若能妥適規劃善用進步的資訊、科技技術，更能激發參與者的意願，催化親職教育的成果；本章將詳加分類並敘述。

第一節　文書資料型的親職教育

一、文書資料

　　文書資料（file）是指，將親職教育有關的資料、資訊，以書面、文書圖案、圖表，或文字的陳述方式，有系統的呈現出來，是目前親師溝通或學校機關團體，使用最普遍、最方便的溝通互動管道，例如：親職資訊、公布欄、親職專欄、溫馨〇〇情、聯絡簿、簡訊等，如圖 9-1 所示。

圖 9-1　快樂分享

資料來源：東海大學附設幼兒園

二、文書資料型的親職教育之優缺點

（一）優點

文書資料型的親職教育資訊，其製作與放送方便、簡單、成本低、容易蒐集，可有系統、有計畫性的呈現，資料較易建檔永久保存，也易配合閱讀者的時間來閱讀、不會受時間限制、沒有時間的壓力，也較不會干擾閱讀者的生活作息問題；取材內容、教材的深度、廣度、適用性很大，例如：深奧的親職學理介紹、親師通訊、簡單的幾句親職生活用語、日常生活叮嚀等，均可做為親職教育的素材。

（二）缺點

一般而言，文書資料型的檔案較為靜態，缺少生動活潑的特質，只有書面冷冷的資訊陳述，受限於單方面的溝通，較不易引起閱讀者的共鳴，以及身心靈的互動，難以激發閱讀者強烈的學習動機；學習後保留的記憶時間較短，學習者資料的蒐集建檔不易，尤其親職知能、技術性、操作性的學習內容，較難藉由書面資料，做完整的陳述表達與學習。

三、文書資料型的親職教育之類型

（一）公布欄（board）

親職教育有關的實施單位或機關學校，均應有一屬於親職教育的專用公布欄，該親職教育公布欄要由有專業素養的人員來負責，定期或不定期的更新資訊，以吸引家長來賓，或其他教職員工收看閱覽，並有家長、教師、學生的活動資料呈現，可增加相關人員的參與性與成就感，藉以激發團體參與的熱忱。而公布欄要布置於家長、教師、學生或來賓，易於出入且容易看到的地方，或較經常經過的場所，如圖 9-2 所示。

圖 9-2　公布欄
資料來源：東海大學附設幼兒園

公布欄要有強烈的吸引力，可再區分為幾個區塊呈現，例如：親師互動區：介紹園所或學校與家長資訊的傳達活動；成果區：介紹有關幼兒園小朋友學習的成果呈現、親職教育的活動或親子互動的成果照片和作品，如圖 9-3 所示，以增加師生、家長多方面的共鳴與互動；親職教育專欄區：可介紹有關親職教育理論或親職格言，以系統性的呈現方式，讓教師、家長能學得完整性的親職學理與實務。

公布欄的各分欄區塊，應由美工人員協助美化，以不同的顏色加以區分，讓閱讀的人員一目了然，有舒服、欲罷不能的感受，或很想再來看下一期的衝動，即是一成功的公布欄。

（二）期刊（a periodical）

有效能的父母會對兒女的教育非常關心，他們會主動蒐尋人類發展、教養兒女的方法、家庭經營、青少年的發展與輔導等，與親職有關的資訊。在各種文書資料型的親職教育資訊中，以期刊雜誌的述說較為深入、內容較多、較好蒐集，內容也較完整；因內容豐富、印刷精美，因而費

圖 9-3　我的作品

資料來源：東海大學附設幼兒園

圖 9-4　民中青年

資料來源：南投縣民和國中

用較高，一般學校只能以季刊、半年刊或年刊呈現，而各縣市政府的家庭教育中心，也出版很多類似的親職教育專刊，例如：《民中和聲》、《溫馨彰泰親師情》、《孕媽咪》等，供教師、家長、社會人士閱讀，做為教化學生或家庭經營、校親溝通的平台。如圖 9-4 所示。

（三）聯絡簿（communication book）

實用的聯絡簿是目前台灣中等以下各級學校，最常用、最普遍、成本最低、最方便的一種校親或親師溝通的管道，它可由學校美工、語文、各科教師代表、家長代表及行政人員代表，來共同研商設計，務必讓這本聯絡簿美觀、實用、方便、互動性良好，校、親、師、生都喜歡使用，並能代表學校的精神，而且教師、學生、家長均會喜歡這本聯絡簿，希望能讓全校各班級均使用聯絡簿；且全校學生人手一冊，其在校園中擔任親、師、生互動，或學校與家長間互動聯絡的角色，不容忽視，千萬不要設計的太過於呆板、制式或太過於華麗、花俏，且要有家長、學生、教師可自由發表意見互動的空間。

聯絡簿的內容可區分為多種專欄區塊，例如：

1. 家庭生活教育欄：瞭解學生在家庭表現的情形，可有如「我今天做到了……」等主題。
2. 心得感言欄：可讓學生或家長發表心情或心得，藉以探知學生內心的想法或心事，可適時的機會教育，適時輔導，防患於未然。
3. 每週時事欄：可讓教師、學生自由的發表本校校內、校外、國內及國外新聞，藉由學生蒐集新聞資訊，增加學生見聞，擴展視野與世界接軌。
4. 學校生活欄：可分為功課表現欄，例如：學生繳交報告、作品的表現、各科考試成績的情形。
5. 在校生活教育欄：例如：學生在校生活教育方面，禮節、出缺席、勤務工作表現。

6. 備忘欄：例如：今日功課有哪些、明日考試或作業有哪些、今日或明日應攜帶的物品或繳交的作業，以及班費、簿本費等。

7. 親師愛的叮嚀欄：本欄是親師雙向溝通互動的區塊，可讓家長或教師共同關懷學生，輔導學生成長，是親師意見交流的園地。

8. 生活手札欄：可提供家長、學生、教師共同發表親職有關的資訊，或學生作品發表、特殊事件的交代。

當然，最重要的還是聯絡簿的使用方法，設計再好的聯絡簿，若沒有好好的使用，效果仍是相當有限；因此家長、學生、教師，務必天天、好好地利用它，各機構或機關首長也要明瞭使用情形或成果，務必讓聯絡簿發揮預期的好功能。如圖 9-5 所示。

考試成績		親師溝通愛的叮嚀	生活手札			今日功課，明日考試	年 月 日 星 期 天 氣
國文							
英文							
數學							
理化							
生物							
健教							
歷史						明日應帶物品	
地理							
公民社會							
地球							
家長簽章		導師核閱					

圖9-5　聯絡簿

資料來源：筆者自行設計

（四）親職通訊（parents journal）

現代的親職通訊形式非常的多樣化，紙張大小、內容多少，或素材

取材，均可變化、自由化、創意性；親職通訊可為週刊、雙週刊、月刊或季刊，一般而言以週刊或雙週刊發行較多。通訊設計剛開始時，宜邀請美工、編輯專家，對版面做整體性的規劃與分配，再按照規劃的專欄部分，邀請專欄的專家或教師，有系統、有計畫性的提供專欄資訊，甚至走上國際化路線，亦可配合淺顯易懂的英文親職資訊。在通訊中有親職格言，例如：「有志者事竟成」（where there is a will there is a way），兼具勵志又有雙語教學性質，亦可使通訊內容活潑有趣；親職主題專欄、社論或親職論壇，每期可針對時勢性、時尚性、社會上所發生的切身事件，邀請專家做一整體性的批判論述，利用價值澄清法教導家長或閱讀者正確的價值觀、親職知識理論、實務性的報導閱讀，最後可蒐集成冊，成為一本實用性的親職教育專論書籍。校務通訊部分，可針對最近或未來，學校內或社區內發生的事情，做一完整性的報導，使家長對於校務推進有一概括性的瞭解，以期拉近學校與家長、社區間的距離，對校務興革產生參與感，進而對校務、校譽產生信心。

答客問（Q&A）的部分，可將最近教師或家長提出的有關親職教育的問題，例如：如何教養小孩？單親媽媽如何扮演嚴父慈母的角色？等類似的問題做一詳盡、客觀的回答，藉此產生雙向性的互動，慢慢增加親師的親職專業知能。

好人、好事、好言專欄，可報導大孝獎、大愛獎得主的事蹟或校內師生的良好事蹟、實際發生的好人、好事表揚，藉以揚善勸惡，導引社會走向光明面。優良事蹟、好人好事的專欄，均是很好的道德品格教育，例如：「溫馨○○情」、「心橋」等。好言部分則是如同「勸世歌」、「三字經」，乃中華文化的精髓，更是普世價值、源遠流長，具有啟發性及教育性，例如：「任何事業的成功，絕對無法彌補家庭的失敗」之類的話，勸人要以家庭為重、注重夫妻感情的培養及家庭的經營。如圖9-6所示。

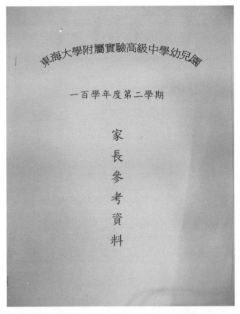

圖 9-6　家長參考資料

資料來源：東海大學附設幼兒園

（五）親職網頁或親職電子辭典（parents on-line journal）

　　資訊科技發達，親職網頁是利用電子科技產品，將親職教育相關的學理、資訊、活動、親子互動訊息等資訊，透過電腦主機的儲存、播放，隨時呈現給需要的人；只要什麼時候想看，打開電腦即可找到想要的資料，它沒有時間、地點的限制。網頁製作時，宜邀請電腦網頁設計、科技人才、親職專家、文書處理人員、美工人員等共同策劃，使電腦呈現的畫面不要太制式，並需有一電腦專業人員，負責伺服器主機的維護與管理，另需配置一位親職教育的專業人員，負責網頁資料的蒐集、配置及更新。

　　電腦畫面資料的新穎性、時效性，應定期或不定期的更新資訊，使上網者能取得最新的資訊，或找到前人發表過被儲存起來的優秀文章，或適用的資料。電腦呈現的資料要便於儲存及調閱，如同一間無形的親

職教育圖書館，或親職電子辭典，網路維護管理者便於資料的鍵入（key in）儲存、更換管理，使用者便於瀏覽、調閱下載及列印，做到將親職知識自動送到家，學習親職知能不必出遠門，而且電子科技無遠弗屆，任君選取、應有盡有。此外親職教育網站，還可在網路上連結其他與親職教育相關的網址，擴大親職網站的功能，也可在網路上找到每個人自己想要的親職相關資料。如圖 9-7 所示。

親職教育推薦網站

親職教育最佳優質網站	
親子彩虹橋──父母的教導角色	父母難為嗎？……孩子要求參加各種活動，讓他參加則顧慮其安全，不讓他參加則於心不忍。天下父母心，無處不是為兒女著想。真讓父母難為！……
家長親子教育路	「家長親子教育路」內包含許多的好文章連結，並有討論區提供家長討論的空間。
親子關係	解讀孩子的心理，並提供為人父母者教養的技巧。
管教子女專欄	提供有關父母教養的一些好文章。溝通分享：跟子女一起談戀愛、自信因讚賞而來、如何與子女談性、EQ 與親子關係之（一）、EQ 與親子關係之（二）、EQ 與親子關係之（三）、EQ 與親子關係……
統一孩子王	孩子的成長只有一次，給他健康快樂的環境是所有父母的心願。擔心孩子的安全問題、溝通問題嗎？「天才老媽」的家長成長園，幫你解決疑難雜症，還有健康手冊教你正確的保健知識及做點心。
大手牽小手──親職教育網站	內容豐富，包含親職教育、孩子的發展、生理方面、心理方面、父母的角色、角色的認識、教育態度、觀念啟發、婚姻狀況、教養方法與態度、親子關係、親子溝通……
信誼基金會	信誼基金會每月的「駐站專家」會回答你的相關問題。「教養大家談」有專家提供教養絕招。也可與其他教養高手一起討論，相信你會獲得很大的幫助。另外，網站定期的專題討論，例如：親子互動、兒童發展與學習等，都相當值得家長參考。
爸爸媽媽（香港網站）	香港專為爸爸媽媽設立的家庭網站，協助父母認識並使用網路，藉此減低父母與子女之間的代溝。「網上追擊」專欄提供有關網路的知識及使用方法，保護子女免受不良網頁的影響。另外，「成長路上」專區，提供各階段兒童 EQ、IQ 與生理發展的文章，幫助家長解決小孩各式各樣的成長問題，很值得參考。

圖 9-7　親職教育網站

資料來源：取自 http://www.smes.tyc.edu.tw/~s175/new_page_55.htm

（六）簡訊（text message）

　　簡訊包含兩種方式：一種是以簡便便條方式呈現，另一種是利用手機的簡訊方式。簡訊主要的特點是方便、應急、把握最新訊息、掌握第一時間而較有時效性、製作內容簡短方便易於傳達、發送者和接受者均易於執行；缺點則是篇幅有限、內容不多，無法做完整性的描述。一般來說，書面便條式簡訊的傳送方式，交由學生帶回交給父母或家長處理，家長若有意見也可以藉由簡訊方式，對學校或教師產生回饋；手機式的簡訊，藉由科技資訊系統的傳送，很容易將簡潔的親職資訊，送到每位家長或社區人士手上，是一種相當容易、方便又多變化性的親職教育方式，它可通知家長的事項，例如：學校或園所的活動計畫項目、時間、地點、親職教育的活動，以及學生在校的緊急事情聯絡，或綜合性的表現，皆可利用電子傳輸的方式，迅速將資訊傳達到您想讓他知道的人手上，這種方便、成本低、科技性，又具時效性的親職教育方式，建議學校、家長、教師宜多加利用。

　　簡訊既然掌握簡單快速、時效性原則，則應以一百字以內為宜，書面資料簡潔有力、言簡意賅，一般均以一週、半個月或一個月發行一次，內容具有吸引力、延續性，使家長有期待的心理，為了做好重要訊息不疏漏，最好書面、電子兩種簡訊方式同時使用，透過簡訊使家長和校方產生良好的互動，共同關心未來的新主人翁。

【**案例探討與價值澄清**】

主題：最壞的教養方式：擔憂女兒的功課，工友媽媽偷考卷

案例：本案例發生在 2010 年，屏東縣恆春鎮一所小學。離婚的張姓
　　　女工友，因擔心讀小五的女兒成績總是在班上的後半段，便動
　　　腦筋偷考卷，但一時心慌，錯拿了小六的考卷；前夫發現，認
　　　為這樣會害了女兒，於是主動通報校方，學校因此重新命題，
　　　搞得全校人仰馬翻。偷考卷想幫女兒的張姓女工友，在學校人
　　　評會上承認，自己因愛女心切，而用錯方法，心中一直忐忑不
　　　安。

價值澄清：

1. 張姓工友這種教養兒女的方式，有何不妥？

2. 請問該如何輔導這位工友？該如何幫助這位女兒功課，讓她成績進
　步？

3. 台灣家長揠苗助長式的教育，問題相當嚴重，該如何徹底解決？

第二節　親師座談會、親職講座或座談會

一、親師座談會

　　親師座談會（parents-teachers meeting）是讓學校行政人員、教師、
親職教育老師，與學生家長或學生的監護人，面對面的溝通或互相提出
家庭經營、兒女教養、課業輔導、日常生活相關的問題共同討論，尋求
問題的答案；學校機關團體或文教基金會，均會定期或不定期的舉行個
別式或團體式的親師座談會。一般而言，學校輔導室每學期均會規劃、
舉行全校性的親師座談會、主題式的親師討論會或班級性的班親會；尤

其新學年新生入學時，教務處與輔導室也會專為新生家長舉辦新生家長座談會，學校校長、各級主管或業務相關人員均會列席參加，以示對學生家長的尊重。這種親師座談會效果非常好，可拉近學校與家長的關係，建立學校的形象，也是目前親職教育實施方法中，反應最熱烈較受家長喜愛的活動，且大致上如無特殊原因，一般家長均會親自參加。參與過程中親師互動良好，家長的學習興緻也較高，因家長能直接和校長、專業的教師互動、提問，可瞭解學校願景，以及校務經營或學生的問題，尋求較好的問題解決方法，可彌補文書資料型或電話訪問式的不足，若能與之相互為用，其成效會更好。以下就親師座談會的特質與注意事項，敘述如下。

（一）親師座談會的特質

1. 它是目前各種親職教育方法中，最直接面對面，家長參加意願最高、反應最好，也是最有效的方法之一。

2. 它是校長、主任、業務相關人員、教師或親職教育專家，直接與家長或監護人面對面的溝通方式。

3. 親師座談會可一對一或一對多，其形式較不受拘泥，場地可安排在校內或校外舉行。

4. 親師座談會所討論、研究的問題相當廣泛，幾乎無所不包，只要和學校、社區、家長、學生或學生家庭相關的議題，均可提出討論。

5. 溝通的方式多半是採正式或半正式，也可以餐會討論方式，座談會的氣氛一般都不錯，效果也很好。

（二）親師座談會的注意事項

1. 妥善的計畫與事前的行政規劃：良好的計畫是成功的一半，事前

的規劃勝過事後的檢討補救,尤其流程的安排、家長的接待,以及接待家長的禮儀,均需事先考慮。

2. 會議要有討論、研討題綱,避免流於形式或成為聊天大會。

3. 設計精美的邀請函,會場布置溫馨感性,家長座位需事先規劃妥當,避免會場紊亂。如圖 9-8 所示。

4. 配合親師座談會,可舉辦教學成果表演,或配合節慶活動,強化座談會的主題效果,可分動態(例如:社團表演)與靜態(例如:美展或作品展)兩種。

5. 主持人於會議中避免使用艱深的專業名詞,以拉近家長與教師或專業人員的距離,並能鼓舞參與者的熱忱。

6. 校方事後要檢討得失改進,更要對參加人員發感謝函,或對有功人員給予鼓勵。

7. 親師座談會後要將活動成果展示,以激勵參與人員士氣,並進行問卷追蹤檢討改進,以瞭解親師座談會的滿意情形,以及研討問題是否能有效解決。

圖 9-8 親師座談會

資料來源:東海大學附設幼兒園

8. 轉介輔導機制的落實：若是遇到有關學生或家長的問題，但教師或學校實在無法解決的，即需將問題歸類，且協助輔導單位轉介相關單位處理，並要將處理情形知會相關人員。

二、親職講座及座談會

親職講座（parents lecture）是聘請親職教育各領域專長的講師，到學校或社區對家長或有興趣的社區人士，舉行專題講座；也可邀請親職教育實務成功的案例，例如：美滿婚姻的經營、孕育健康幸福的家庭、子女生活禮儀的養成、子女的教養方法、學生的課業輔導等。在安排專題講座時，為提昇專題演講的效果及家長參與的熱忱，學校可配合辦理動態或靜態的教學成果演示，所聘請的講師是講座主題領域的專家或適當人選；而所安排講座的主題，要切合家長們所最關心且共同的需求，或時事性的親職議題。整個講座過程的安排不可太單調，可適當加入家長直接提問的時間或分組座談，讓有經驗的家長或專家進行經驗分享，共同針對主要的議題尋求最好的解答；會後主辦單位宜將會議紀錄整理成冊，寄發給相關單位或參加的家長，發揮講座最大的效果。

親職座談會（discussion meeting）是針對教師或家長意見，訂出座談會的主題，再邀請該主題的專家學者主持座談會，讓家長、教師能針對議題，與專家面對面溝通、互動或分組座談，最後再舉行綜合座談報告，尋求每次議題的綜合性解決方案，做深入淺出的結論與共識。有關親職講座及座談會的特質與注意事項，說明如下。

（一）親職講座及座談會的特質

1. 親職講座及座談會的議題，是針對為人父母者，或家長教養子女方法，與兒女或學生課業、生活輔導等最切身需求的議題，主辦單位事先需與教師、家長先行協商。

2. 親職講座或座談會，是專家學者、教師直接與家長或為人父母者，

面對面溝通的機會，家長並可當場提問，因而參加者意願較高，學習效果也較好。

3. 親職講座或座談會應定期或不定期舉行，最好每個月一次，而且要有一系列的主題式探討，目的均在增進家庭幸福或增強父母的知能。

4. 為強化親師（職）活動成果，以及家長參加活動意願，學校應配合辦理教學成果展，或由行政人員作校務簡報，以拉近家長與學校之間的距離，增加家長參與校務的機會，並聽取家長的建言。如圖 9-9 所示。

圖 9-9　親職座談會

資料來源：東海大學附設幼兒園

（二）親職講座及親師座談會的注意事項

1. 事前要能妥善計畫與規劃，並進行任務分工合作研討，事後研習成果彙整公布，將會議紀錄整理付印，且能將研習成果分享給與會的教師、家長。

2. 會議的流程、會場的布置、接待家長的禮儀訓練、參加人員的停車，均需妥善安排，並給予家長高規格接待，鼓舞家長參與學校活動熱潮。

3. 講座或座談會的講師人選要審慎安排，並將講稿要點於報到時先行發放，以提昇學習效果。

4. 分組座談或家長提問時，會場秩序的掌控很重要，避免家長分散流竄或喧嘩，影響學習效果。

5. 事後可對參加的家長或服務的工作人員，給予感謝函及獎勵，其格式可參考如圖 9-10 的範例。

親愛的教職員同仁暨學生家長：大家好！

　公私迪吉，諸事順心如意為頌！

　此次的親師座談暨多元入學方案說明會，承蒙大家的熱心參與，盡心學習，使我們的活動普遍獲得好評，相信您也必感受到○○的成長與進步。願我們共同締造更美好的○○願景。

　願藉由此活動，讓我們心手相連，一起來為　貴子弟建構光明的前程。真誠地祝福您

闔府平安快樂

校　　長○○○
家長會長○○○　　敬上
○○○○年○○月○○日

圖 9-10　感謝函範例

第三節　家庭訪問與親職諮商

一、家庭訪問

（一）家庭訪問的特質

資訊與知識經濟的時代來臨，人民的生活更為忙碌與緊張，親職教

育的方式，也隨著時代的腳步變得五花八門，但家庭訪問（familial visit）仍不失為一種實施親職教育的有效方法，它雖然具有傳統、費時、原始性，但它仍有其他方法所無法取代的功能。家庭訪問通常實施於國中或國小時，而導師最好於三年內，將全班所有的學生家庭訪問一次或一次以上，利用段考的下午、週末假日或寒暑假實施，藉以瞭解並發現很多難以處理的學生問題，其背後隱藏的真正原因。經家庭訪問後，老師可很快的瞭解學生的背景及家長社經地位，當學生問題發生時，或許老師會更明瞭學生的苦衷，也才能做一全盤性、整體性的考量，處理學生問題的方法也會較為適當與周全。

（二）家庭訪問的功能

1. 對學生而言

老師親自到學生家裡家庭訪視，學生會感受到老師重視他、喜歡他，並會在意老師和父母的互動。在訪視的整個過程中，學生可學會如何事先準備接待訪客，以及客人來訪時應有的接待禮儀，是一種生活化的生活教育；加上因老師的到訪，學生會表現的更好，對學生的品德及社會性發展亦很有幫助。而老師對處理學生日後發生問題的解決，會有全盤性的考量，真正找出問題的原因，對症下藥、事半功倍。

2. 對家長而言

大多數的家長在得知兒女的老師要來進行家庭訪問，均會直覺的感受到老師的尊重，也會認為這是一位認真負責的好老師。家庭訪問對每日忙碌的學生家長來說，都是相當實用的，因為他們不必因兒女的教育問題，為了要與學校老師見個面，而犧牲上班時間或請假，可利用老師家庭訪問的機會，瞭解兒女在學校的表現，與兒女的專長特質；並取得與教師配合的共識，共同來關心輔導自己的兒女，而家長若有其他的親職、課輔或教養子女的方法，也可利用這難得機會請教老師。

3.對教師而言

　　家庭訪問對教師而言，是相當重要的，因為經過家庭訪問後，才能對學生的背景做完整性的瞭解，例如：學生的家庭背景、經濟情況、家庭文化、交友情形、社區文化、社經地位等。而在家庭訪問的過程中，教師可獲得家長、社區人士的肯定與讚美，提昇教師的個人形象，以及學校的聲譽，有助於日後的親師互動與溝通，也有利於日後親師問題的解決；並可藉家庭訪問的良機，實施親職教育，透過家長家庭教育的配合，相信爾後的教學成果會事半功倍。

（三）家庭訪問的注意事項

1. 家庭訪問需事先規劃，並預先知會學生及學生家長或監護人。
2. 家庭訪問為求教師的安全，應尋求同仁同行或義工的協助，尤其女性教師不可單獨成行，最好請班上的在地學生或熱心的家長會幹部帶路陪同。
3. 家庭訪問除先行規劃動線外，應事先擬好每位家長的訪談大綱要項，訪問結束後進行資料整理，並進行追蹤輔導等。
4. 家庭訪問可請學生、社區義工或家長委員帶路引導，可預防迷路且節省很多時間。
5. 家庭訪問需按計畫進行，除非重大事情發生，否則不可臨時喊停，避免家長久候。
6. 家庭訪問應注重禮儀，並盡量給予家長及學生正向肯定，留意訪談的目的及要取得欲瞭解的資訊，在家庭訪問前要事先規劃，家庭訪問後要記錄，並應詳實記載。
7. 家庭訪問後要給予學生鼓勵，並對接受訪問的家長，表達謝意、發感謝函。
8. 家庭訪問宜從班級中家庭社經地位較差、單親及隔代教養、行為偏差，或近期內言行表現重大變異的學生優先訪談，並在三年內

將全班學生家長訪問完成。

9. 家庭訪問後，認為有需要轉介輔導的個案或問題，需立即處理並回報學校。

二、家庭諮商

親職教育的方式中有文書資訊、教學參觀日、家長參與教學、聯絡簿、家庭訪問、親師座談會等，均是由主辦或承辦單位，主動的將親職教育資訊送出；而家庭諮商（family counsel）則是被動的，為人父母者或監護人將兒女的教養方法、課業輔導、親子溝通或家庭經營等相關問題，由當事人主動尋求各縣市家庭教育中心，或各校成立的家庭諮商中心的諮商、協助，以解決親職問題。

一般而言，各縣市政府的家庭諮商中心，均由社會局或教育局負責，該中心有心理師及精神科醫師、專家學者、社工人員、教育人員和服務志工，負責接受各校轉介的個案與尋求協助的個案，並定期出刊登載有關親職教育的資訊。

學校成立的家庭諮商中心，一般均附設於輔導室，由學校全體教職員工、家長會的委員、地方仕紳，以及專家顧問共同組成；各校校長擔任主任委員，輔導室主任擔任總幹事，負責規劃協調與推行各項有關的親職教育業務及接受諮商諮詢，或將個案轉介有關單位，以尋求協助。

（一）家庭諮商的特質

1. 在親職教育的各種實施方法中，家庭諮商詢問的有關問題，是屬於較為嚴重的，因為這表示家人相處、親子互動，或兒女教養已經出現問題，急需尋求解決。

2. 家庭諮商在親職教育的各種實施方法中，是屬於難度較高、較具專業性的輔導，因而人才庫的建立、資源的需求更為殷切。

3. 家長諮商的問題或學生輔導的問題，應由學校輔導老師處理，若需要家族治療的問題，則須尋求心理師或精神科醫師協助。

4. 家庭諮商可一對一輔導、團體輔導，也可由問題類似、同質性較高的父母，藉由經驗交流互相分享，而達到輔導的效果。

（二）家庭諮商的步驟

1. 建立良好的諮商情境：輔導人員和當事人，要互尊、互重、互信，遵守專業倫理，做好良好的溝通互動。

2. 教師描述學生的表現：教師要將學生問題或家族有關的問題，做一瞭解，並有條理且詳細的描述出來。

3. 瞭解學生在校外的表現：家長或監護人需將學生在校外的表現情形，真誠清晰的描述，以做為專業人員、教師診斷的參考。

4. 輔導人員界定問題、診斷問題：在輔導人員全面性的蒐集各方資料後，須瞭解真正問題所在，並行診斷謀求對策。

5. 輔導人員向學校提出建言：輔導人員針對問題診斷後，要提出對家長、學校或教師應行配合的措施。

6. 輔導人員向家庭或父母提出建言：輔導要能成功，需要全方位的配合，因而需要家庭或父母的合作。

7. 結案並定期追蹤：持續追蹤直到改善。

（三）家庭諮商的注意事項

1. 輔導人員堅守輔導專業倫理：當事人的資料不可外洩，並要有耐心、愛心，針對問題謀求解決，共同關心當事者的正向發展。

2. 家庭諮商遇到困難問題，須謀求解決或尋求轉介服務。

3. 家庭諮商是較為長期性的親職教育工作，因而還須定期或不定期追蹤。

4. 家庭諮商屬於診斷治療的性質，此時家庭問題或與兒女有關的問題均已顯現，急需尋求協助，因而家庭諮商中心需有專業人員負責。

第四節　親職讀書會與親子活動

一、親職教育讀書會

　　親職教育讀書會（the study group of parents education）或親職成長團體，是由學校、文教基金會、社區或社團負責策劃成立，由學校或讀書會負責人，集中學校的學生家長，或社區中對親職教育有興趣的人士，每週或隔週於固定時間，共同針對某些主題或某一本書的內容，來研讀互相討論，分享個人經驗及研讀親職教育書籍的心得，共同成長，藉以增加親職教育知能。如圖 9-11 所示。

圖 9-11　親職教育讀書會心得報告

資料來源：東海大學附設幼兒園

（一）親職教育讀書會的特質

1. 藉由讀書心得或個人有關的親職經驗分享，來增進讀書會中成員的親職教育知能。

2. 親職教育讀書會可定期或不定期聘請親職教育專家，針對親職有關的主流性、時尚性議題，做專題報告或討論。

3. 親職教育讀書會不一定是室內的讀書心得分享，也可舉辦與親職有關的戶外活動，例如：參觀感化院、菸毒勒戒所、中途之家等。

4. 親職教育讀書會所研讀的書籍或研討的議題範圍相當廣泛，例如：幸福家庭的孕育、夫妻相處之道、兒女的教育方法、青少年偏差行為的輔導等。

5. 親職教育讀書會可針對親職教育的主題，作一系列探討，待告一段落後，宜將心得整理成冊，分享他人，以擴大效果。

（二）親職教育讀書會的注意事項

1. 親職教育讀書會的研習，可融入親職進修護照，或教育人員的進修護照來辦理。

2. 親職教育讀書會可將每次研讀的心得紀錄，合訂成冊即成為一本很好的親職教育教材，也可將心得放於網站供人閱讀。

3. 親職教育讀書會的會場，宜布置完善；活動的時間、地點、主題應儘早公布，鼓勵更多人參與。

4. 親職教育讀書會每期宜有連續性的主題，聘請的主持人也要是主題領域專長的專家。

5. 親職教育讀書會每次時間以三小時為宜，要有問題詢答以增加互動，擴大參與者的參加意願。

二、親子活動

親子活動（parents-kid activities）是探索親子溝通互動的有效方法，可由學校、鄉鎮公所、民間社團或文教基金會策劃辦理。藉由各項親子活動，讓親子相互體會如何互相表達、溝通協調，如何與自己的兒女來做有效、溫馨、愉快的溝通互動，尋找一種雙方均喜歡、可接受的互動模式，避免產生親子衝突或對立，增進親子互相瞭解，為親子感情增溫。

在推行親職教育的各種方法中，以親子活動最具機動性，且父母親需和兒女同時參加活動，是知性、感性、動態性、合作性的親職教育活動；親子活動的節目要有教育性，且節目的安排、時間不宜太匆促，讓親子在合作中、操作中、互動中完成作業，共同分享親子合作操作後的甜蜜果實。事前的道具、教具準備要周詳，活動的遊戲規則事前要約定，事後要有增強作用，以發揮親子活動的成效。

（一）親子活動的特質

1. 親子活動的設計重點在於，讓為人父母者體驗如何與兒女進行溫馨、有效的溝通互動。
2. 親子活動並非只在意於活動的完成，而是在活動過程中去體會，如何建構互動氣氛，增進溝通技巧。
3. 親子活動要重視的，是父母與子女如何表達心理感受，學得溝通技巧，並能互尊、互重。
4. 親子活動的設計安排，在增進親子的默契與感情，共同分享活動的成果。

（二）親子活動的注意事項

1. 親子活動的設計，要以安全性、教育性、娛樂性為考量，寓教於

樂。

2. 親子活動的設計，每次以兩小時為宜，要有親子互動或由親子共同完成作品、共同分享成果。如圖 9-12 所示。

3. 親子活動的場地分配、節目進行、人員區隔等，宜事先規劃妥善，切勿造成紊亂。

4. 親子活動告一段落後，可讓父母或兒女發表心得，催化活動的成果，擴大分享效果。

5. 親子活動結束後，應整理活動成果，並行公布於老師、家長、學生均容易看到的地方，藉以分享成果，以鼓舞下一次活動參加的熱忱。

圖9-12 親子互動

第五節 家長參觀教學或家長參與教學

一、家長參觀教學

家長參觀教學日（parents-presence school day）是學校邀請仕紳、家長或監護人到學校，參觀教師的教學、參與學校的活動或親師互動。學校應在各班教室後方，固定擺放幾張椅子或桌椅，供家長到學校參觀教師的教學情形及兒女在校的學習活動，藉以瞭解學校的辦學計畫、學習環境、教學設備、師資情況、教師的教學情形，以及兒女在學校的學習表現。在台灣，有的學校在一學年中，只在某一天舉行家長參觀教學，因而又稱為教學參觀日。在先進國家中，家長參觀學校或班上的教學活動較為頻繁，因而形成常態性的工作，家長們天天均可到學校參觀學校老師的教學，或參與學校校務的規劃與運作，真正落實教育消費者的理念與導向，創造學校、家長與社區多贏的局面。

（一）家長參觀教學的特質

1. 家長參觀教學是一種現代化的教育理論，也是教育市場中消費主義的現象，學校的主要消費者是學生及其家長，因而學校有必要提供最好的教育，而家長或學生有權選擇其最喜愛的教學情境來學習，是一種消費主義的現代化教育理念。
2. 家長參觀教學應是一種常態性透明化的活動，學校、家長均應以平常心來看待，不必刻意掩飾。
3. 家長參觀教學以不影響教師教學活動的進行，更不可影響師生作息，或學習效果為原則。
4. 家長參觀教學後，可和各科教師討論教學改進事項，力求精進、

發揮更大的教學效果。

（二）家長參觀教學的注意事項

1. 在家長參觀教學時，學校可配合辦理動態或靜態的教學成果展，讓家長更明瞭學校教學成果的表現。

2. 家長參觀教學日以不影響教師教學為原則，如圖 9-13 所示；且作息時間全校一致，不可隨意更換，學校須事先告知家長配合。

3. 針對家長參觀教學心得或意見，家長應於課後或課餘時間，與學校行政單位或教師協商，不可於教師教學時當場發表意見。

4. 家長參觀教學，家長的接待、停車及聽課座位的安排，需事前規劃妥善。

圖 9-13　家長參觀教學

資料來源：東海大學附設幼兒園

二、家長參與教學

家長參與教學（parents-involvement teaching）是將學校的教學工作，由家長或仕紳來共同參與，利用家長或仕紳的某種專長，來從事學校或班級的教學，以及參加兒女學校教學有關的活動，例如：課程設計、教案編寫、講堂上課等，甚至學校辦理的校外參觀教學活動、團體旅遊、職業簡介，協助教師照顧班上的學生，當導遊、護理工作或導覽等，如圖 9-14 所示。

圖 9-14　家長參與教學（故事媽媽講故事）

資料來源：東海大學附設幼兒園

（一）家長參與教學的特質

1. 家長參與教學，是學校或教師邀請具有特殊專長的家長，或熱心的教育人士，來協助或暫時代替教師教學，而非經常性或永久性的替代教師教學。

2. 家長參與教學並非只限於上課教學，也可當指導員、教學助理員，協助準備教具、教材或餐點準備等。

3. 家長參與教學的主要目的，在利用專長教學，增進教師的教學效果，以及學生的學習成果。

4. 家長參與教學可讓家長體會學校及教師平日的用心，易促進親師的同理心，親師合作會更為緊密。

（二）家長參與教學的注意事項

1. 學校或班級讓家長參與教學，事前均須經過嚴謹的家長專長調查過程，審慎評估整體性的教學效果考量，目的在於利用社區各式資源，增進教學成效。

2. 家長參與教學對學生而言，是一種新奇刺激的現象，有時因家長教學專業能力不足，會引起秩序混亂難以控制之情形，因而教師需在教室內適時協助，以利教學順利進行。

3. 家長參與教學時，學校教師、家長事先須做充分規劃及準備，事前保持連繫，教師並應協助家長做好教學準備工作。

4. 班級或學校要實施家長參與教學活動前，學校或教師應事先告知學生及班級的家長，讓學生們知道注意事項及配合要領，以利教學的順利進行。

第六節　電子媒體或平面媒體

　　隨著科技的進步，親職教育的方法應更多元發展且善用科技創新，才能符合時代需求並提昇效能，設計出更符合消費者需要的教育方式，顧及在生活中隨處可得的方便性，讓親職教育生活化；因而電子媒體、平面媒體的利用相當重要，例如：親職教育網站、親職部落格、親職電

子報、有線電視、無線電視、廣播電台、期刊、報紙等,均是科技產物下最新的親職教育方法。茲分述如下。

一、電子媒體的特質

(一)親職教育網站

親職教育網站(parents education website),在各縣市政府均應有專人負責管理,在學校則由學校輔導室負責統籌規劃,包含:親職教育資訊的蒐集、親職教育網站的布置、網站的建構、網站主機伺服器的維修、親職問題的答覆等;使家長無論在家裡或出外工作,甚至國外旅遊,均能享受親職有關的最新教育內容,其特點如下:

1. 利用電腦科技,速度快、效率高。
2. 授與者與收受者互動性高,效果好。
3. 網站布置內容範圍廣泛,資料較多元。
4. 與其他相關網站可互相連結,例如:生命教育網站、家庭教育網站等,發揮更大功能。

(二)親職部落格

親職部落格(parents education blog)的設立與親職教育有關,它也應由輔導室負責,包含:親職資訊的處理與建置、親職教育議題的意見交流互動、答客問、部落格網站主機的維護等;它提供更寬廣、迅速、互動性、多面向、便捷的親職互動,在多面向的交流互動中,可以找出更好的方法,以解決親職教育的問題。其特點如下:

1. 利用電腦科技,速度快、效率高。
2. 互動性好、成效明顯。
3. 針對主題,時尚性議題容易引起收受者興趣。
4. 多向性的交流溝通,易找出親職問題的解決方法。

5. 易與其他網站或部落格連結，擴大其功能。

（三）親職電子報

親職電子報（parents electronic paper）是利用伺服器建置電子報網址，供需求者訂閱，如同平面媒體的訂閱報紙一樣；但親職電子報可陳列一系列有系統性、深入性的資料，且發揮電腦科技優勢，變化多、互動性佳、易保存、有環保概念，較能吸引讀者收閱，其特點如下：

1. 電腦科技速度快、效率高、成本低。
2. 方便收閱，符合環保概念。
3. 資料有系統性，易於搜尋，容易建檔保存。
4. 界面變化多，可提高學習者興趣。

（四）YouTube

YouTube 是一個網站，該網站軟體可附掛影片或動畫的資料畫面，授與者可將親職教育相關影片、演講、座談會等相關資料，全場實景經錄影後，借用 YouTube 的軟體而附掛上傳於網路上，收閱者就可在任何地方、任何時間，利用電腦而輕鬆取得，其特點如下：

1. 電腦科技速度快、效率高、成本低。
2. 動態畫面，收閱者興趣高。
3. 全場過程輕鬆收閱，不必本人親白參與活動。
4. 影片內容更多元，資料豐富，教育效果好。

（五）臉書

臉書（Facebook）是近幾年開發出來的互動軟體，也是目前電子網路很夯的產物。在臉書上，可貼上專家學者或實務工作者，其親職教育的內容資訊、檔案、照片，也有一個專區供人各自發表意見的塗鴉牆，

閱讀者可針對議題各自發表看法，意見海闊天空、看法四面八方，由於全方位的意見提供，很容易從臉書上理出一個可行的解決方案，其特點如下：

1. 利用電腦科技，速度快、效率高、成本低。
2. 意見可自由發揮，答案清晰可見。
3. 互動佳，方便又環保。
4. 集眾人各種不同觀點的意見。
5. 抒發意見時具匿名性，不必曝光，增加眾人的參與意願。

（六）即時通

即時通（MSN 或 Skype）可透過電腦的畫面，馬上見到對方人物的表情、肢體語言及整體情境，雖然真實人物遠在天邊，但情境人物就好像在眼前，有現場感（Live）、臨場感；不但可聽到對方的意見聲音，又可看到對方的肢體、動作、表情，效果非常好，解決交通不便及時間上的難題，其特點如下：

1. 臨場感，可提高學習興趣與效果。
2. 可口語對談，又有影像表達，增加參與熱忱。
3. 經濟、方便又實惠。
4. 缺點是授與者與接收者，要有共同一致的時間。

（七）電視及廣播電台

利用有線電視台、無線電視台、公共電視台，以及廣播電台，製作、播放有關親職教育的節目，內容有專題報導、現場採訪，或紀錄片，讓為人父母者在家就能收聽、收看節目內容。因電子媒體使用群眾最多，動畫性、聲量控制效果佳，畫面、影像清晰可見，因而其效果最佳，但製作成本也最高且費時。

（八）平面媒體

　　平面媒體是利用親職教育的書面資料，有系統的整理，透過報紙、社區報，或刊物分送到讀者手上；讀者若對主題有興趣，才會進一步去看裡面的內容，因平面媒體消費群很大，因而效果也不錯，可一系列、有系統的針對主題做深入採訪報導，其特點如下：

1. 消費群大、效果佳。
2. 閱讀時間不受限制。
3. 資料易於蒐集，可建檔保存。

二、電子媒體、平面媒體的注意事項

1. 電子媒體、平面媒體的建置，資訊內容需求量大，需有專業人員專門負責。
2. 電子媒體很多均透過電腦網路公布，要設定防火牆，避免遭駭客侵入攻擊。
3. 要注重專業倫理，引用的案例要重視個人隱私及人權。
4. 利用電腦網路網址發布資料，可和其他親職相關網址，產生超連結，發揮更大效果。
5. 在部落格、臉書等均設有意見發表專欄，容易有不義、不明人士蓄意攻擊，專業人員宜將意見去蕪存菁。
6. 親職網路的留言版，專人要將意見蒐集、整理，並要對答相關問題，提昇互動效果。
7. 遇到艱難問題或個案無法處理時，需轉介更專業領域的相關人員。

第七節　親職教育的其他實施方法

　　親職教育的實施方法，例如：文書資訊、教學參觀日、父母參與教學、聯絡簿、家庭訪問、家庭諮商、親師座談會、讀書會、親子活動、電子媒體、平面媒體等，均已詳細介紹，但在使用上並非限制一次一種，而可多種混合使用或同時應用，其共同目標均在增進父母的親職知能、營造溫馨快樂的家庭，培育優質的新生代。

　　為擴大實施成效，親職教育的實施，還有許多其他的方法可用，例如：親職研習會、父母成長團體、愛心志工隊、愛心媽媽團、書香活動、社區親職資源利用等。茲簡要略述如下。

一、親職研習會、父母成長團體

　　親職研習會或父母成長團體類似親職讀書會，由學校或文教基金會策劃成立，聘請專家學者或具實務工作經驗的人士擔任主持人，針對有關親職知能、父母效能、教育兒女方法、孕育溫馨家庭方面的相關議題進行研習，使參加人員永續學習，終身成長，培育優質的下一代。

二、愛心志工隊、愛心媽媽團

　　學校面對眾多的師生，每天在上下學的交通安全及校園內的人身安全上十分費心，愛心志工隊協助維持學校內外的安全事件，還可協助學校美化校園、整理教具，甚至協助教師教學，或校園校區內的巡邏，如圖 9-15 所示。

圖 9-15　愛心志工隊協助校園內外及消防的安全

資料來源：東海大學附設幼兒園

　　愛心媽媽團則可由有經驗的母親，或有愛心、有專業的女士，協助學校針對學生的偏差行為進行輔導，或協助家庭訪問、家庭諮商的完成，讓老師對家長及學生得以做更深入瞭解與輔導。

三、親職的書香活動

　　學校推廣親職書香活動，可針對幸福家庭的組織建構、兒女的教養方法、青少年的輔導、偏差行為的診治等相關書籍，編列年度每月家長讀書書目，公告讓全體教師、社區人士、家長按月閱讀，並撰寫心得報告，定期舉行讀書心得徵文比賽，給予優厚的獎勵，以鼓舞社區家長閱讀親職課外讀物，提昇社區親職教育讀書風氣，改造社會文化。

四、社區親職資源的利用

　　除了學校、文教基金會經常辦理親職教育活動外，縣市政府教育局、社會局、救國團、青商會、獅子會、扶輪社、慈善團體、各醫療院所、社區發展協會等，也會配合年度節慶，辦理親職教育有關的活動；還有生命線、張老師、各大學的諮商中心，以及教育部設立於台灣師範大學、暨南國際大學、嘉義大學的家庭教育研究中心，皆提供各式的資源與活動。學校應將各式親職教育活動資訊加以整合，迅速而有效的將訊息傳遞給家長，讓他們把握每一次的學習機會，充實親職知能，善盡為人父母的天職。

【親職格言集】

在嘲笑中長大的孩子畏首畏尾；在譏評中長大的孩子苛責別人。
在疑惑中長大的孩子滿腹狡詐；在敵對中長大的孩子常懷敵意。
在親熱中長大的孩子宅心仁厚；在鼓勵中長大的孩子滿懷信心。
在誠實中長大的孩子有正義感；在讚美中長大的孩子懂得感激。
在團體中長大的孩子愛人如己；在知識中長大的孩子明白事理。
在忍耐中長大的孩子泱泱大度；在幸福中長大的孩子前途光明。
（取材自林進材（1995）《成長路上親子行》一書）

【問題與討論】

1. 請說出各種不同親職教育實施方法的優缺點？
2. 成功的親職講座或座談會，要如何辦理效果會更好？
3. 要如何鼓勵老師們，才會願意配合家庭訪問？
4. 家長參觀教學是否該努力推廣？如何做好家長參觀教學？
5. 要如何辦理親職教育部落格，效果會更好？

Chapter *10*

親職教育的實施策略、困境與展望

親職教育的推展機構

　　親職教育實施的效果好，則未來的新生代個個頭腦發達、身心健全、家庭和諧有活力、社會安定有希望、國富民強有競爭力。親職教育的落實成功，影響國家的形象與未來的希望，期望國家能推行親職教育護照，讓親職教育成為國人的全民運動。

　　親職教育的推展，可分為縱向的行政系統，負責策劃、推動、督導、考核，橫向的執行系統，實際擔任推展親職教育業務工作的執行。在縱向方面，從中央政府的主管單位——教育部開始，負責全國性的親職教育業務，例如：法規的制訂、政策的擬定、政策的規劃、督導與考核、人才的培育、預算的編列、親職教育的研究與課程教材的研發等，到地方政府，則為各縣市政府，負責單位為各縣市政府的教育局（處）與社會局（處），負責轄區內的親職政策擬訂、規劃、推展、督導與考核，

督導轄區內各執行親職業務單位，考評其實施成果，以做為獎懲與補助的依據。而各縣市政府教育局（處），均設立家庭教育中心及家庭諮商中心，負責轄區內家庭教育及親職教育有關的業務。

在橫向的執行單位有公私立機構及民間單位，公立機構以學校為中心。黃德祥（2001）認為，親職教育的推廣機構，主要有學校及社區兩大類，推行的基礎則在學校、家庭、社區三者的密切配合，學校就是親職教育的推廣中心，透過相關方案、資源與支持系統，而形成一個擴散體系，直接影響父母、兒童及社區，如圖 10-1 所示。

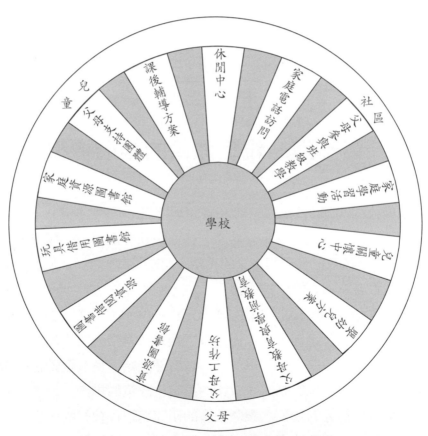

圖 10-1　以學校為中心的親職教育體系

資料來源：Berger（1995: 261）

民間機構一般屬於非正式的教育單位,目前很多大型企業、公司為安定員工生活、提昇員工工作效率,也積極推展親職教育的工作。其他如救國團、社區發展協會、基金會、扶輪社等,均開設短期的親職教育課程或講習會,以增進社會人士親職教育知能。

第二節　親職教育的實施策略與教學策略

一、親職教育的實施策略

親職教育行政策略的同心圓理論(the theory of concentric circles),以各縣市政府為圓心,縱軸以行政系統為主,縱軸上方為行政院中央部會,例如:教育部、內政部、衛生署等,縱軸下方為各級區或鄉鎮公所;橫軸為推行單位,橫軸右方為公立各級學校、機構及其附設推展中心,橫軸左方為私立機構及文教基金會、救國團及各公益慈善團體;圓心則為縣市政府,縣市政府在行政系統方面,負責承上啟下的行政工作,和中央相關單位,例如:教育部、內政部、衛生署等,共同規劃全國的親職教育政策、法規制定與修正、師資培育、課程制定,並將政策轉達宣導到轄區內的區或鄉鎮公所,共同來推動親職業務。在推行系統方面,則負責策劃、推展、督導、考核轄區內各公私立學校、機構、文教基金會等,並將基層推行的困境意見向中央反應,包括:法規修改建議、組織編制、預算編列、課程教材的編撰等。

同心圓理論將全國的親職教育所有業務,包含行政規劃系統和推行教學系統,從中央到最基層的地方村里,也包含公私立的機構和學校,或是民間的基金會及社團,做一綜合性的整合。縣市政府要承擔親職教育成敗的重任,因中央部會層級太高、轄區太大,最基層民意不容易瞭解,而縣市單位,不但能瞭解最基層推行業務的難處,亦可將縣市的意見直接和中央部會溝通,以求法規、政策、策略能符合社會需求,並讓

縣市及最基層的村里或民間社團,對親職教育的活動能夠順利推行,讓全國家家戶戶重視親職教育,培育優質的新生代,促使家庭幸福美滿有希望,社會安定繁榮,國家有活力與競爭力。結構圖如圖 10-2 所示。

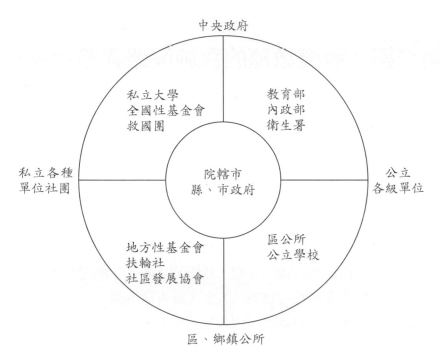

圖 10-2　親職教育實施策略的同心圓理論

資料來源:筆者自行整理

二、親職教育的教學策略

(一)教學策略的火車頭理論

親職教育教學策略的火車頭理論(the theory of locomotive),以北區國立台灣師範大學、中區國立暨南國際大學、南區國立嘉義大學的家庭教育研究中心,作為親職教育教學的領航火車頭,負責親職教育理論、

課程、教材、教法的研究推廣，將基層教學單位的意見，蒐集、研討改進，再將研發的課程、教材、教法，推廣到親職教育的第一線講師，例如：大學、中小學、社團的親職教育教師，甚至推廣到各公私立機構、救國團、基金會、民間社團，或村里發展協會的工作人員；而最基層工作人員的教學意見、課程教材教法的問題，再反應回領航的三所國立大學，作為相互研討改進的參考，其架構如圖 10-3 所示。

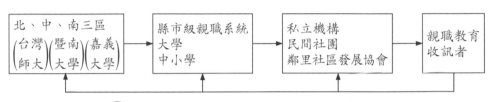

圖 10-3　親職教育教學策略的火車頭理論

資料來源：筆者自行整理

（二）親職教育的教學實務策略

親職教育即使有良好的法令基礎、充足的預算，以及認真的教育工作人員，但若沒有良好的教學實務策略，也可能是事倍功半；因為有良好的教學實務策略，才能有效的使接受親職教育的人滿意，又能實際的獲得知識，才能將學習成果實際受惠，而落實於每個家庭及未來的國家主人翁，帶動整體性的社會進步，增加個人、社會及國家的競爭力。

親職教育有效的教學實務策略，應從課程、師資、教材、教法、成果評量等來探討，茲分述如下。

1. 課程設計兼具前瞻性及實用性

親職教育的課程設計要有前瞻性、未來性，因為時代隨時在改變，科技知識日新月異，兒童和青少年的身心發展，也跟著時代的脈動而演進，若以現在的觀念要去設計未來國家主人翁發展的需求，那是不切實際的；因此課程設計人員要有宏觀視野、前瞻性的理論依據及實務專長，

例如：1950 年代，在台灣幾乎看不到電視，誰知十年後電視已很普遍，如今不但已有有線電視、無線電視，更有數位電視；另外，電話通訊的進步更是驚人，二十年前有誰能知今日的電話通訊，不但有行動電話，更有 iphone 4S 的出現；電腦科技的進步亦是如此。

親職教育的課程設計重在實用性，應針對教育的對象、課程的需要、年齡層差異、所處社區、文化、教育程度，以及兒女的家庭狀況，設計符合需求的課程，以提昇學習動機及學習效果。

2. 師資多元化、優質化，教法活潑化、有效化

親職教育的成功與師資的關係最為密切，因為有效的師資能催化學習團體的動力、激化學習者的動機，使學習者在快樂有效的學習氣氛下學習；因此要多元化培育符合課程設計特色的師資，使教學活潑生動又實用，發揮良好的教學效果，讓親職教育的學習課程，能有趣而百聽不厭。

3. 教材內容兼顧知識、技能及情意，而符合社會性需求

親職教育並非只是一門理論性的課程，因為它最重要的是要催化學習者的主動熱忱與愛心，並能成功的經營婚姻，建構及孕育溫馨幸福的家庭，使嬰幼兒、兒童、青少年能健全的發展；且內容需符合社會性的需求，因此為人父母者，需要將學得的知識，轉化為實用的技能，並能無條件的犧牲與奉獻，真誠的將所學應用到實務上。

4. 評鑑客觀化、成果多樣化

親職教育的推行要有一套公平、客觀、實用的評鑑機制，將評鑑的結果，做為檢討改進及輔導的依據，也是成果獎勵及經費補助的參考，利用評鑑機制，獎勵優秀的單位及個人，藉以激化基層工作人員的士氣；成果的彙集，宜連續性、多元性、多樣性，並利用實施親職教育的機會，在公共場所或村里民大會中，展示推行親職教育的成果，鼓舞參與者的成就動機與士氣，並能催化或喚醒未參與親職教育者參加親職教育，激

勵參加親子活動的意願，使親職教育成為最基層百姓的全民運動。

【案例探討與價值澄清】

主題： 資優生疑課業壓力，建中高二生墜樓死亡

案例： 本案例發生在 2011 年，也是建國中學創校一百年來，發生的第一起校園內墜樓案。十七歲就讀二年十六班的○姓學生，上午八點多第一節上課時，向老師說：「要上廁所」，一分鐘後，就從致知樓三樓墜下，校方緊急送學生到台大醫院急救後，宣告不治。○父向警方表示，兒子對自我的要求相當高，近五個月來因為成績不很理想，曾經在家裡大喊：「再考不好，就自殺死一死算了」。校方認為，可能是因為○姓學生自我要求高，成績不如預期，加上他有精神方面的困擾，才造成遺憾。該事件的○姓學生是樂旗隊的學生，還曾到德國演出得到冠軍，是學校圖書館的志工，更是建中圖書館個人借書排行榜的第六名，是標準的資優生，卻發生此不幸事件。類似案例於 2012 年 4 月，也發生在建國中學高二○姓學生，因「數學考不好，被電慘了」，而於放學回家的汐止火車站跳軌撞火車而身亡。

價值澄清：

1. 父母或師長對不同兒女、學生的敏感度，該如何培養？

2. 該如何培養天才型兒女之挫折容忍力？遇到家中有兒女發生類似的問題，該如何解決，避免發生嚴重後果？

3. 家中有資優生，該如何實施親職教育？

第三節　親職教育推展的困境

　　台灣社會快速變遷，家庭型態轉型迅速，雙薪家庭忙於事業，家庭功能日益萎縮，衍生很多的社會問題，例如：吸毒、幫派、暴力、中輟等。黃德祥（1997）指出，青少年犯罪的防治是一項社會工程（social engineering），需要相關單位共同配合，一起努力才能發揮功能，而親職教育就是其中最重要的一環；王鍾和（2009）認為，親職教育工作的推行與落實，有其急迫性與必要性；由此可知，目前台灣推行的親職教育必是困難重重、成效不彰。茲分述如下。

一、缺少獨立的法源依據以及中央、地方政府各層級親職教育的專責單位

　　美國於 1994 年通過改進美國學校法案，明定親職教育的政策與實施方式，規定地方教育單位，必須推展家長參與學校教育工作。反觀台灣，目前沒有獨立的《親職教育法》及其施行細則，因此也就沒有正式的親職教育專責單位，更沒有獨立的親職教育經費預算；在附屬於其他單位的有限財源下，沒有專責單位負責親職教育，要全方位的規劃、推行親職教育是相當困難的。在中央政府，有教育部社教司、內政部社會司；在地方各縣市政府的親職教育工作，更分散到教育局（處）、社會局（處）和民政局（處），形成多頭馬車，無人願意去管的三不管業務。從中央到地方或學校，均無專責單位負責，怎麼會有良好績效？更別幻想有良好的社會家庭文化。

二、政府各層級及學校對親職教育不夠重視

長期以來，全國缺少一個統籌規劃、督導、負責的親職教育單位，更沒有親職教育的年度預算，致使家庭問題、青少年問題一再惡化，此顯示政府不夠重視親職教育。歷任的總統或行政院長，均非教育界出身，殊不知親職教育及家庭教育對國家未來主人翁的影響有多大？對家庭社會的貢獻有多少？也幾乎沒有人注意到社會亂象的根源應從親職教育著手？忘了教育學者常說「問題青少年產生於家庭，顯現於學校，惡化於社會，弱化了國家」。只看見眼前的社會亂象，頭痛醫頭、腳痛醫腳，結果問題還是層出不窮，數年後一批批新的古惑仔，依然陸續出現在社會的各個角落；正本清源，是應重視親職教育、家庭教育的推行與落實。

三、專業人才與經費的不足

政府長期漠視親職教育的重要性，缺乏親職教育的教育政策，因而沒有親職教育專業人才的師資培育機構，也沒有親職教育的研究論文、期刊或出版品；坊間少見有關親職教育的專業課程或教材，要辦好親職教育活動，談何容易。

中央及地方各級政府，均沒有親職教育的專責單位，因而沒有固定的預算編列，親職教育的活動經費實在是杯水車薪，只能從其他單位的預算項目勻支；在相當有限的經費下，又缺少整合的規劃單位，如何能辦好親職教育呢？又哪能列入經常性的活動辦理？目前各層級或學校辦理的相關活動，只是應付家長、社區人士虛有其表的工作，或為了配合節慶的活動，容易曇花一現，沒有長遠的規劃，而形成一種拜拜式流水席的活動；沒有經驗的傳承，很難有明顯的進步；沒有有效的指導單位，活動辦完，很快的成果也完了。

四、家長或為人父母者只在意金錢收入，很少想到百年大計的親職教育

社會上確實有不少人已瞭解到親職教育的重要性，但絕大部分的父母因面臨生活壓力、痛苦指數大增，只能在乎事業及工作收入的多少，而忘記為人父母者的價值與重責大任，更少有為人父母者，會主動的去進修有關親職教育資訊的課程，以為為人父母者，只要能複製當年父母對他的管教方法就可以，或認為有錢請到補習班與安親班的老師代勞即可，殊不知時空背景的轉換更迭很快，且目前社會的複雜現象、科技的進步、知識的躍增，已使得為人父母者要長期的進修研究，否則只會愈來愈難有效的教導自己兒女，社會的亂象更會層出不窮。

五、親職教育資源有限，更沒有親職教育的專業團體

台灣除了少數的親職教育相關單位及公益社團外，很少有親職教育的相關資源，目前除了各縣市家庭教育中心、生命線、張老師、救國團的常設單位外，受限於經費不足，很少單位或社會團體有能力或願意承攬親職教育的工作。

目前台灣沒有如美國「國家親師協會」（National Parent Teacher Association，簡稱 National PTA），或其他親職教育的專業團體成立，可以協助推動親職教育的推行、督導與評鑑的工作。

第四節　推行親職教育的建議與展望

一、建請中央政府對《親職教育法》單獨立法，並成立親職教育的專責單位

建請制訂《親職教育法》、《親職教育法施行細則》的獨立法源依據，做為全國最高的親職教育推行指南，並成立中央與地方各層級的親職教育專責單位，負責統籌規劃、推動與評鑑親職教育成敗的責任。

二、推行親職教育護照進修制度

親職教育是一門終身教育，且是長期性、生活化、實用性的社會科學，需要努力不懈、持之以恆，並配合時空背景，隨時調適學習內容，因而親職教育的課程、教材、內容，須配合時事推陳出新，政府需規範良好制度，期望國人把親職教育列為終身學習的課程。政府得立法推行親職教育進修護照，讓年滿十五歲以上的青少年，開始有為人父母者的教育，或進修的管道，充實為人父母者的知能，孕育溫馨、幸福的家庭，成功而有效的教導兒女，期望能培育優質的下一代。

三、將親職教育課程列入或融入高中、大學的學程，聘請專家學者彙編親職教育與親職期刊研究論文

目前各校或相關文教基金會所辦理的親職教育活動，均是各自辦理，只有曇花一現的景象，缺少縱向的統籌規劃，更沒有橫向的聯繫，形成多頭馬車，沒有明確的教育目標，更沒有一套完整的課程。教育部可聘請親職教育專家學者、行政人員，明定親職教育的課程標準，將親職教

育列入高中、大學的基本課程，並彙編完整性的教材，鼓勵專家學者，研究親職教育相關學理，並發表期刊論文。

四、透過大眾傳播媒體有效宣導與教導親職知能

台灣社會國人每天看報紙、玩電腦的時間，均超過兩小時以上，大眾傳播媒體已成為國人生活上很重要的一部分，如何透過媒體有效的宣導親職教育的重要性，透過教材教法吸引更多人學習親職知能，政府更應約束各種傳播媒體，製作一定比率的親職教育節目，或親職教育專欄的專題報導。

五、立法約束並強制要求參加親職教育的對象，藉著課程活動的改進，吸引全民參與進修親職教育的熱潮

筆者辦理過很多場親職教育的活動，也參訪過很多學校的承辦經驗，共同面臨一個重要的問題是，「該來的不來」、「最需要來的沒來」、「來的還是老面孔」，因而政府應立法約束、強制家庭有問題的家長、子女有偏差行為的家長，以及當事者、犯有刑法的罪犯，或少年輔育院的青少年等，皆需接受親職教育，讓這些存在社會上，可能不定時產生或製造社會問題的人員，透過親職教育學程，使其明瞭是否該重新回頭，求得人生的意義與價值。執行單位應從課程活動的改進，讓社會上更多人主動參與學習，形成全國性的親職教育全民運動。

台灣社會有一奇特的現象，男人總以為家事、親職教育是女人的事，其實兒女的成長過程中，需要父母共同的關心，更需要父愛的關懷與教育。黃德祥（1994）指出，父母的離婚對不同年齡組兒童的影響相當大，很多偏差行為的青少年，均與單親父母的離婚有關，如表10-1所示。

表10-1　父母離婚對不同年齡組兒童的影響

	學前期 （二歲半～六歲）	潛伏期前期 （七～八歲）	潛伏期後期 （九～十二歲）	青少年期 （十三～十八歲）
一、情感	易怒、敏銳、分離焦慮、攻擊	悲傷、憂愁、恐懼、喪失感、失落與憤怒	失落與拒絕、無助與孤獨、羞恥、擔憂、傷害	失望
二、表現	幼兒退化行為、攻擊與破壞行為、幻想	哭泣、幻想、獨霸，不與他人分享	對母親、父親或雙親兩者的直接拒斥、易怒、需求多、教訓的態度、偷竊、與雙親關係緊張	對自己當前情況開放、參與社會活動
三、處理問題的機轉	沒有處理問題的機轉、常使用攻擊	沒有避免痛苦的健康處理問題機轉	把父母離婚當作嚴肅地、使情感自由、沉迷於遊戲	更自信
四、學校成就	仍未就學	與其他兒童沒有差異	明顯的低劣	與其他兒童沒有顯著的差異
五、父母離婚歸因	自責	自己與父母離婚有主要關聯	自己與父母離婚僅有少許關聯	自己與父母離婚無關
六、認知	對將要發生的事感到迷惑	對將要發生的事感到迷惑	清楚的知道將要發生的事	清楚的知道將要發生的事
七、訪問	次數多，每週一次	次數多，每週三次	次數不多，非定期訪問	少接觸，超過九至十二天
八、追蹤	一年	一年	一年	一年
九、父母離婚的影響	多數情況惡劣	65%變好或接受父母離婚的事實，23%轉劣	25%擔憂被遺忘、遺棄，75%回復以往成就	多數兒童面臨以前某些認知的問題

資料來源：黃德祥（1994：488）

六、整合親職教育資源，建立一套客觀、公平、有公信力的評鑑機制，激發承辦人員的熱忱

　　台灣各承辦親職教育活動的單位，在辦理親職教育活動過後，就以為親職教育告一個段落，完成了任務；其實親職教育是永續的，天天都要去執行，它不但有未來性，也有延續性，需要教育部聘請專家學者及公正人士，擬訂一套公平、客觀、具公信力的親職教育評鑑辦法，將評鑑結果公布，並請其檢討改進，或獎勵補助催化親職教育的成果。政府單位也要整合親職教育相關資源，彼此共同學習、共享資源，發揮更大的親職教育成效。

【親職格言集】

　　1.忌溺愛；2.忌放縱；3.忌鬆懈；4.忌慣愛；5.忌嬌疼；

　　6.忌過寵；7.忌恐嚇；8.忌蠻橫；9.忌打罵；10.忌羞辱。

　　（「管教孩子十忌」，取材自林進材（1995）《成長路上親子行》一書）

【問題與討論】

1. 請述說在台灣親職教育的推行與實施策略的優缺點？
2. 親職教育的推展困境重重，您認為要如何突破，才能順利推展？
3. 您認為該如何改進台灣親職教育的教學策略，以增進教學效果？
4. 目前各單位辦理親職教育活動時，常面臨有的家長該來的不來，來的人還是那些老面孔的困境，請問該如何解決？

參考文獻

中文部分

王鍾和（2009）。親職教育。台北市：三民。

李　選（2003）。情緒護理。台北市：五南。

林仁和、黃永明（2009）。情緒管理。台北市：心理。

林佳蓉、林佳勳（2010）。家庭教育。台北市：啟英。

林家興（1997）。親職教育實施的實務。台北市：幼獅。

林朝鳳（1994）。幼兒教育原理。台北市：復文。

林進材（1995）。成長路上親子行。台北市：商鼎。

邱書璇、林秀慧、謝依蓉、林敏宜、車　薇（2010）。親職教育。台北市：啟英。

武璿穎（2002）。親職教育。台北市：啟英。

武藍薰（2004）。幼兒教保專業倫理。台北市：群英。

唐璽惠、王財印、何金針、徐仲欣（2005）。情緒管理與壓力調適。台北市：心理。

翁桓盛（2006）。婚姻與親職教育。台北市：心理。

張　媚、黃秀華、劉玉湘、吳佩岭、許瑛真、陳秀員……林綺雲（2003）。人類發展之概念與實務。台北市：華杏。

許天威（1985）。行為改變技術的理論與應用。台北市：復文。

許天威、徐享良、張勝成（2000）。新特殊教育通論。台北市：五南。

陳榮華（1995）。行為改變技術。台北市：五南。

陽　琪、陽　琬（1995）。婚姻與家庭。台北市：桂冠。

黃昆輝（2002）。教育行政學。台北市：東華。

黃迺毓（1998）。家庭教育。台北市：五南。

黃德祥（1994）。青少年發展與輔導。台北市：五南。

黃德祥（1997）。親職教育。台北市：偉華。

黃德祥（2001）。親職教育理論與運用。台北市：偉華。

黃志成、王淑芬（1995）。幼兒的發展與輔導。台北市：揚智。

葉肅科（2000）。一樣的婚姻多樣的家庭。台北市：學富。

謝文全（2004）。教育行政學。台北市：高等教育。

蘇建文、林美珍、程小危、林惠雅、幸曼玲、陳李綢……陳淑美（1995）。
　　發展心理學（第二版）。台北市：心理。

蘇麗智、阮玉梅、胡月娟、李引玉、羅筱芬、張淑珍、林明珍（2006）。
　　最新護理學導論。台北市：華杏。

英文部分

Berger, E. H. (1995). *Parents as parters in education: Families and schools working together*. Englewood Cliffs, NJ: Prentice-Hall.

Duvall, E. M. (1997). *Marriage and family development* (5th ed.). NY: Lippincott.

Gardner, H. (1984). Assessing intelligence: A comment on testing intelligence without IQ tests. *PHI Delta Kappan, 65*, 699-700.

Guilford, J. P. (1967). *The nature of human intelligence.* New York, NY: McGraw-Hill.

Hallahan, D. P., & Cruickshank, W. M. (1973). *Psychoeducational foundations of learning disabilities.* Englewood Cliffs, NJ: Prentice-Hall.

Kostelnik, M. J., Stein, L. C., Whiren, A. P., & Soderman, A. K. (1998). *Guiding children's social development*. Cincinnati, OH: South-Western Publishing.

Robbins, S. P. (2001). *Organizational beharior* (10th ed.). Upper Saadle River, NJ: Prentice-Hall.

Slavin, R. E. (1991). *Educational psychology.* Englewood Clifts, NJ: Prentice-Hall.

附錄一　家庭教育法

1. 中華民國 92 年 2 月 6 日總統華總一義字第 09200017680 號令制定公布全文 20 條；並自公布日施行
2. 中華民國 99 年 5 月 19 日總統華總一義字第 09900123181 號令修正公布第 2 條條文
3. 中華民國 100 年 12 月 28 日總統華總一義字第 10000291431 號令修正公布第 2、14、15 條條文

第　1　條　為增進國民家庭生活知能，健全國民身心發展，營造幸福家庭，以建立祥和社會，特制定本法；本法未規定者，適用其他有關法律之規定。

第　2　條　本法所稱家庭教育，係指具有增進家人關係與家庭功能之各種教育活動，其範圍如下：
　　　　　　一、親職教育。
　　　　　　二、子職教育。
　　　　　　三、性別教育。
　　　　　　四、婚姻教育。
　　　　　　五、失親教育。
　　　　　　六、倫理教育。
　　　　　　七、家庭資源與管理教育。
　　　　　　八、其他家庭教育事項。

第　3　條　本法所稱主管機關：在中央為教育部；在直轄市為直轄市政府；在縣（市）為縣（市）政府。
　　　　　　本法涉及各目的事業主管機關職掌時，各該機關應配合辦理。

第　4　條　中央主管機關掌理下列事項：
　　　　　　一、家庭教育法規及政策之研訂事項。
　　　　　　二、推展家庭教育工作之研究及發展事項。
　　　　　　三、推展全國性家庭教育工作之策劃、委辦及督導事項。
　　　　　　四、推展全國性家庭教育工作之獎助及評鑑事項。
　　　　　　五、家庭教育專業人員之職前及在職訓練事項。
　　　　　　六、家庭教育之宣導及推展事項。

七、推展國際家庭教育業務之交流及合作事項。

八、其他全國性家庭教育之推展事項。

第 5 條　直轄市、縣（市）主管機關掌理下列事項：

一、推展地方性家庭教育之策劃、辦理及督導事項。

二、所屬學校、機構等辦理家庭教育工作之獎助及評鑑事項。

三、家庭教育志願工作人員之在職訓練事項。

四、推展地方與國際家庭教育業務之交流及合作事項。

五、其他地方性家庭教育之推展事項。

第 6 條　各級主管機關應遴聘（派）學者專家、機關、團體代表組成家庭教育諮詢委員會，其任務如下：

一、提供有關家庭教育政策及法規興革之意見。

二、協調、督導及考核有關機關、團體推展家庭教育之事項。

三、研訂實施家庭教育措施之發展方向。

四、提供家庭教育推展策略、方案、計畫等事項之意見。

五、提供家庭教育課程、教材、活動之規劃、研發等事項之意見。

六、提供推展家庭教育機構提高服務效能事項之意見。

七、其他有關推展家庭教育之諮詢事項。

前項家庭教育諮詢委員會之委員遴選、組織及運作方式，由各級主管機關定之。

第 7 條　直轄市、縣（市）主管機關應遴聘家庭教育專業人員，設置家庭教育中心，並結合教育、文化、衛生、社政、戶政、勞工、新聞等相關機關或單位、學校及大眾傳播媒體辦理下列事項：

一、各項家庭教育推廣活動。

二、志願工作人員人力資源之開發、培訓、考核等事項。

三、國民之家庭教育諮詢及輔導事項。

四、其他有關家庭教育推展事項。

前項家庭教育專業人員之資格、遴聘及培訓辦法，由中央主管機關定之。

第一項家庭教育中心之組織規程，由各級主管機關定之。

本法公布施行前，各直轄市、縣（市）政府依規定已進用之家庭

教育中心專業人員，經主管機關認定為績優並符合第二項專業人員資格者，得依業務需要優先聘用之。

第　8　條　推展家庭教育之機構、團體如下：

一、家庭教育中心。

二、各級社會教育機構。

三、各級學校。

四、各類型大眾傳播機構。

五、其他與家庭教育有關之公私立機構或團體。

第　9　條　推展家庭教育機構、團體得徵訓志願工作人員，協助家庭教育之推展。

第　10　條　各級主管機關應對推展家庭教育之專業人員、行政人員及志願工作人員，提供各種進修課程或訓練；其課程或訓練內容、由各該主管機關定之。

第　11　條　家庭教育之推展，以多元、彈性、符合終身學習為原則，依其對象及實際需要，得採演講、座談、遠距教學、個案輔導、自學、參加成長團體及其他方式為之。

第　12　條　高級中等以下學校每學年應在正式課程外實施四小時以上家庭教育課程及活動，並應會同家長會辦理親職教育。

各級主管機關應積極鼓勵師資培育機構，將家庭教育相關課程列為必修科目或通識教育課程。

第　13　條　中央主管機關得視需要研訂優先接受家庭教育服務之對象及措施並推動之；必要時，得委託直轄市、縣（市）主管機關或推展家庭教育機構、團體辦理。

前項優先對象及推動措施之方式，由中央主管機關定之。

第　14　條　直轄市、縣（市）主管教育行政機關應針對適婚男女及未成年之懷孕婦女，提供四小時以上家庭教育課程，以培養正確之婚姻觀念，促進家庭美滿；必要時，得研訂獎勵措施，鼓勵前揭人員參加。

第　15　條　高級中等以下學校於學生有重大違規事件或特殊行為，應即通知其家長或監護人及實際照顧學生之人；並提供相關家庭教育諮商或輔導之課程；其內容、時數、家長參與、家庭訪問及其他相關

事項之辦法，由該管主管機關定之。

家長或監護人及實際照顧學生之人被通知參與相關家庭教育諮商或輔導之課程，經書面通知三次以上未出席者，該管主管機關得委託推展家庭教育機構、團體進行訪視。

該管主管機關所屬或受其委託之機構、團體進行訪視時，學生之家長或監護人及實際照顧學生之人、師長或其他有關之人應予配合或提供相關資料；必要時，該管主管機關並得請求其他相關機關或機構協助，被請求之機關或機構應予配合。

前項受委託之機構、團體或進行訪視之人員，因職務上所知悉個案之秘密或隱私及所製作或持有之相關文書，應予保密，非有正當理由，不得洩漏或公開。

第 16 條　中央主管機關得委託相關機構、學校，進行各類家庭教育課程、教材之研發。

第 17 條　各級主管機關應寬籌家庭教育經費，並於教育經費預算內編列專款，積極推展家庭教育。

第 18 條　各級主管機關應研訂獎助事項，鼓勵公私立學校及機構、團體、私人辦理推展家庭教育之工作。

第 19 條　本法施行細則，由中央主管機關定之。

第 20 條　本法自公布日施行。

附錄二　少年不良行為及虞犯預防辦法

1. 中華民國61年9月27日司法行政部（61）台刑（二）字第08224號令、教育部（61）台參字第23307號令、內政部（61）台內警字第492085號令會銜訂定發布；並自61年12月1日施行
2. 中華民國65年8月30日司法行政部（65）台函刑字第07474號令、教育部（65）台訓字第23125號令、內政部（65）台內警字第700186號令會銜修正發布全文18條
3. 中華民國70年3月4日內政部（70）台內警字第2730號函、法務部（70）法檢字第3166號函、教育部（70）台訓字第5966號函會銜修正發布
4. 中華民國88年11月17日內政部（88）台內警字第8871767號令、法務部（80）法令字第001141號令、教育部（88）台訓（二）字第88107422號令會銜修正發布全文17條；並自發布日施行

第　1　條　本辦法依少年事件處理法（以下簡稱本法）第八十六條第四項規定訂定之。本辦法未規定者，適用其他法令之規定。

第　2　條　七歲以上未滿十二歲之人，有不良行為或觸犯刑罰法律之虞者，準用本辦法之規定。

第　3　條　本辦法所稱少年不良行為，指少年有下列行為之一者：
　　　　　一、與有犯罪習性之人交往。
　　　　　二、出入妨害身心健康場所或其他少年不當進入之場所。
　　　　　三、逃學或逃家。
　　　　　四、無正當理由攜帶具有殺傷力之器械、化學製劑或其他危險物品。
　　　　　五、深夜遊蕩。
　　　　　六、對父母、尊長或教師態度傲慢，舉止粗暴。
　　　　　七、於非公共場所或非公眾得出入之職業賭博場所，賭博財物。
　　　　　八、以猥褻之言語、舉動或其他方法，調戲他人。
　　　　　九、持有猥褻圖片、文字、錄影帶、光碟、出版品或其他物品。
　　　　　一〇、加暴行於人或互相鬥毆未至傷害。
　　　　　一一、無正當理由跟追他人，經勸阻不聽。
　　　　　一二、藉端滋擾住戶、工廠、公司行號、公共場所或公眾得出入

　　　　　　　之場所。

一三、吸菸、嚼檳榔、飲酒或在公共場所高聲喧嘩。

一四、無照駕駛汽車、機車。

一五、其他有妨害善良風俗或公共秩序之行為。

第　4　條　本辦法所稱少年虞犯，指有本法第三條第二款各目所列行為之一
　　　　　　者。

第　5　條　警察機關對於少年不良行為及虞犯之預防，除應利用巡邏查察等
　　　　　　各種勤務經常注意勸導、檢查、盤詰、制止外，於週末、假日及
　　　　　　寒暑假期間，並應協調主管教育行政機關邀集學校、社會團體派
　　　　　　員組成聯合巡邏查察隊，加強實施上開工作。
　　　　　　學校、社會團體、各目的事業主管機關（構）得知少年有不良行
　　　　　　為或虞犯等情事，必要時通知警察機關協助處理。

第　6　條　警察機關發現少年不良行為及虞犯時，除得予登記或勸導制止
　　　　　　外，應視其情節依下列規定處理：

一、少年不良行為違反社會秩序維護法或觸犯其他法令者，分別
　　依各該規定處理。

二、少年虞犯依本法移送少年法院（庭）處理。

三、少年虞犯事件與違反社會秩序維護法案件相牽連者，應先送
　　少年法院（庭）處理。經少年法院（庭）裁定不付審理或不
　　付保護處分者，其違反社會秩序維護法部分，如未逾二個
　　月，仍得依社會秩序維護法處罰。

　　　　　　警察機關依前項規定處理完畢後，得酌情採適當方式通知少年之
　　　　　　家長、就讀學校或在職機構加強管教。

第　7　條　少年法院（庭）處理之少年事件，於裁判後均應將裁判書正本分
　　　　　　送原移送之警察機關；非警察機關移送者，應分送該少年住居地
　　　　　　之警察機關。

第　8　條　少年法院（庭）將少年交付警察機關以外之機構、社會團體或其
　　　　　　他適當之人保護管束時，應通知該少年住居地之警察機關。

第　9　條　受刑事或保護處分執行完畢之少年，應由執行機關將曾受處分之
　　　　　　人製作名冊並附有關考核等資料，送該少年住居地或原移送之警
　　　　　　察機關。

第　10　條　警察機關對於受刑事或保護處分執行完畢之少年，應根據其素行隨時瞭解其生活情形，如發現異狀，即予適當之處理。

第　11　條　各直轄市、縣（市）政府應設置少年輔導委員會，綜理規劃並協調推動預防少年犯罪之相關事宜。

少年輔導委員會應依受輔導少年之需要，協同或會同各目的事業主管機關及少年輔導機構，加強少年之輔導；並視其情形辦理各種技藝訓練、輔導就業與舉辦有關少年福利服務及其他輔導活動。

少年輔導委員會得遴聘當地熱心公益人士或大專校院相關科系學生，協助少年不良行為及虞犯之預防工作。

第　12　條　少年有下列情形之一者，應由少年輔導委員會綜理協調，予以妥善輔導：

一、受刑事、保護處分或經社會秩序維護法處罰執行完畢而在失學、失業或失養中者。

二、經少年法院（庭）裁定不付審理，諭知少年之法定代理人或現在保護少年之人對該少年嚴加管教或由少年調查官予以告誡者。

三、其他認有輔導必要者。

前項規定之少年，得由有關機關或少年之法定代理人或有監護權人送請輔導之。

第　13　條　依前條規定應予輔導之少年，有下列情形之一者，終止輔導：

一、年滿十八歲者。

二、實施輔導滿三年者。

三、具有其他法令上或事實上原因者。

第　14　條　為發揮整體功能，強化少年不良行為及虞犯預防績效，得由內政部邀集相關機關或單位及有關少年輔導機構、社會團體或專家學者，舉行「預防少年犯罪協調會報」，從事預防工作之規劃、協調、聯繫及推動事宜。

第　15　條　父母或監護人發現子女或受監護之少年有不良傾向難以管教時，得商請少年輔導委員會綜理協調教育、衛生、社政、警察及有關少年輔導機構、社會團體協助管教或作必要之矯治輔導。

第 16 條　各級學校為預防在學少年不良行為及虞犯之發生，應加強執行輔
　　　　　導管教措施，推廣生活教育活動，並與學生家長及警察機關保持
　　　　　密切聯繫。
　　　　　各級主管教育行政機關應嚴格督導考核各級學校對於前項規定之
　　　　　執行成效。
　　　　　各級主管教育行政機關、社政機關、社會教育機構及少年福利機
　　　　　構應經常舉辦有益少年身心健康之各項活動。
　　　　　主管文化、新聞、出版之機關應協調大眾傳播媒體加強預防少年
　　　　　犯罪之宣導；對足以戕害少年身心健康之傳播並依法嚴加處分。
第 17 條　本辦法自發布日施行。

國家圖書館出版品預行編目（CIP）資料

親職教育 / 翁桓盛著. --初版. -- 臺北市：
心理, 2012.05
面；　公分. --（幼兒教育系列；51158）
ISBN 978-986-191-499-2（平裝）

1. 親職教育

528.2　　　　　　　　　　　　　　101006922

幼兒教育系列 51158

親職教育

作　　　者：翁桓盛

責任編輯：郭佳玲

總 編 輯：林敬堯

發 行 人：洪有義

出 版 者：心理出版社股份有限公司

地　　　址：台北市大安區和平東路一段 180 號 7 樓

電　　　話：(02) 23671490

傳　　　真：(02) 23671457

郵撥帳號：19293172　心理出版社股份有限公司

網　　　址：http://www.psy.com.tw

電子信箱：psychoco@ms15.hinet.net

駐美代表：Lisa Wu（Tel: 973 546-5845）

排 版 者：辰皓國際出版製作有限公司

印 刷 者：東縉彩色印刷有限公司

初版一刷：2012 年 5 月

初版二刷：2014 年 10 月

Ｉ Ｓ Ｂ Ｎ：978-986-191-499-2

定　　　價：新台幣 250 元